儿童成长
心理学

儿童的人格形成及其培养

修订版

［奥地利］阿尔弗雷德·阿德勒◎著　　刘建金◎译

中国法制出版社
CHINA LEGAL PUBLISHING HOUSE

目 录
CONTENTS

第 一 章

引　言

从心理学的角度看，成人的教育问题实质上是不断认识自我并理性引导自我的问题。儿童的教育可能也可以这样进行，但有一点却很不一样：由于儿童不够成熟，指引（对于成人而言不可或缺）具有极其关键的作用。如果我们希望，也可以允许儿童按其自身节奏发展；如果他们有充足的时间，如两万年，加上非常有利的环境，他们最终也能达到文明社会成人的标准。很显然，这一方法不具可行性，因此，成人必须关注如何在儿童的发展过程中给予指引。

指引儿童的过程中最大的困难在于成人的无知。成人对自我的认知尚不充足，对引起自我情感和情绪的原因及自身喜好也不甚明了。简而言之，成人对其自身心理还不甚了解。因此，要他们去理解儿童，并以恰当的知识引导儿童，无异于瞎子摸黑路——难上加难。

个体心理学特别关注儿童心理，既关注儿童心理本身，也关注儿童心理研究给成人性格和行为特征研究带来的启示。与其他心理学方法不同的是，个体心理学注重理论与实践的合一，坚决主张人格的统一性，致力于研究人格发展及其表现形式的动态过程。这样看来，可以说，知识已经是一种实践的智慧，因为这些知识来自实践中的错误，无论谁（心理学家、父母、朋友或个体本人）拥有这些知识，都会立刻知晓如何运用这些知识来引导相关的人格发展。

由于这一研究方法，个体心理学的所有原则构成了一个有机的整体。因为个体心理学把个体行为看成是由人格整体所驱动和指引的，所以个体心理学对个体行为的任何解释都反映了同一相互关系，这一相互关系体现在一系列的精神活动之中。因此，在引言中，我们将从总体上介绍个体心理学的观点，在之后的章节里再详细阐释这里提及的各种相互关系的问题。

人类发展的基本事实是：我们的精神总是在一定目标的指引下不断努力和前进的。从婴儿早期开始，儿童就不断努力，以求发展，这种努力是由追求伟大、完美、优越这一目标所推动的；这一目标虽然是在无意识中形成的，但却无处无时不在产生影响。当然，由这种目标所推动的努力反映了人类特有的思维能力和想象能力，这种努力会影响我们一生中所有的具体行为，甚至会影响我们的思想，因为我们的思想并不是对世界的客观反映，它会与我们已经形成的目标和生活方式相关联。

每一个个体的存在都肯定有统一的人格。每一个个体既表现了统一的人格，也以独特的方式塑造这一人格。因此，个体既是艺术作品本身，也是创造艺术作品的艺术家。个体是其自身人格的创造者，但这个创造者既不是纯熟干练的工人，也不是对自身身体和灵魂有完整理解的人；相反，他是极度脆弱、极易失败、不尽完美的人。

在考察人格建构时，我们必须留意这一过程中一个主要的不足之处：人格统一体。它特有的方式和目标都不是建立在客观事实的基础之上，而是建立在个体对生活事实的主观解读的基础之上。观念，即关于事实的看法，从来都不是事实本身；正因如此，生活在同一客观世界中的人会以不同的方式塑造自己。每个人都是根据自己对事实的理解来建构自己的，有些人的理解更为合理，有些人的理解则不那么合理。在个体发展过程中，我们必须时时面对和处理个体理解所带来的偏差和错误，特别是在童年早期形成的错误观念，因为这些错误观念会严重影响我们之后的生活方式。

我们用一个具体的临床案例来说明这一情况。一位 52 岁的女士，总是对比她年纪大的女人嗤之以鼻。她说，当她还很小的时候，总是感觉很丢脸，觉得自己不如别人，因为她有一个姐姐，总是能吸引所有人的注意力。这里，我们可以通过个体心理学的"纵向"观点看到这位女士现在（生命的晚年）和过去（生命的早期）有相同的心理机制和心理动力。她一直都担心自己不受重视，发现别人更受欢迎或更被喜爱时会感到愤怒和烦恼。即使我们对这位女士生活的其他方面或其特有的人格整体一无所知，也基本上可以从这两个事实推理出其他未知的部分。在这方面，心理学家有点类似于小说家。小说家必须根据一定的行动路线、生活方式或行为模式创造出故事人物，这些人物给人留下的印象必须具有统一的人格特征。好的心理学家能预测这位女士在一定情境中的行为，能清楚地描述伴随其人格所特有的"生命线"的特点。

这种努力或达成目标的活动促使个体建构人格，但这也蕴含了另外一个心理事实——自卑感。所有儿童都天然地具有一种自卑感，这种自卑感激发了儿童的创造力，促使他们采取行动来改善自己当前的处境，以消除自卑感。对当前处境的改善会降低自卑感。从心理学的观点来看，这也许可以理解为一种心理补偿。

而自卑感和心理补偿机制的重要特点是使个体犯错误的可能性大大增加。自卑感有可能促使个体取得实际的成功，但也可能只导致纯粹的心理失调，使个体和现实目标的距离越来越远。或者，自卑感有可能过于强烈，只有形成心理补偿机制才能克服或消除这种自卑感；但这最终可能完全没有办法克服当下的处境，而只是成为一种必不可少的心理需要。

例如，有三类儿童非常清楚地显示出了这种心理补偿机制的形成和发展。第一类是天生身体虚弱或生理有缺陷的儿童；第二类是受到成人严厉管教、缺乏爱的儿童；第三类是被娇宠的儿童。

可以说，这三类儿童代表了三种基本的情况，通过这三种情况，我们就可能研究和理解正常儿童的发展。并不是所有儿童都天生具有残疾，但令人吃惊的是，很多儿童在不同程度上表现出某些生理有缺陷的儿童所具有的心理特征，这些典型的心理特征可以通过对残疾儿童的极端案例进行研究得以阐释。几乎所有儿童都在某种程度上可以归入被娇宠的儿童或因严厉管教而心怀怨恨的儿童，或兼具两类儿童的特征。

这三种基本的情况都会使人产生一种不满足感和自卑感，从而使人产生超越人类可能性范围的雄心或野心。自卑感和力争优越是人类生活同一基本事实的两个阶段，因而是彼此依赖、不可分离的。在病态的情境中，我们很难分辨危害最大的到底是过度自卑还是过分力争上游。两者在一定意义上是一段乐章中的不同节奏。我们发现，有些儿童因为极度的自卑而产生了不切实际的雄心壮志，他们的灵魂似乎已经中毒——永不满足。因为这种不满足来自不切实际的雄心壮志，因此并不会使儿童做出有效的行动，反而会使他们一事无成。这种雄心有可能扭曲成一种性格特征和个人习性，就如永久的刺激物，使得个体对于外界过度敏感，时刻保持戒备，以免自己受到伤害或欺骗。

这种性质的人格（在个体心理学的发展历程中这种案例比比皆是）使个体无法真正展现其潜在的能力，会使人变得"神经质"

或怪异无常。如果程度严重，这些人会变成毫无责任感、容易犯罪的人，因为他们只关注自己，而对他人漠不关心。无论在道德上还是心理上，他们的自我都变得非常绝对，拒绝任何形式的约束和限制。我们发现，他们中的有些人会逃避现实和客观事实，在想象中为自己构建一个全新的世界。他们把白日梦和荒谬的想象当成现实世界，最终成功地为自己创造了心灵的平和。通过建构心理现实，他们消除了现实与理想的差距和矛盾。

在这一发展过程中，心理学家和父母需要关注的最重要的标准是儿童或个体所表现出来的社会情感（social feeling）的程度。社会情感是正常发展过程中的关键性和决定性因素。任何减少或降低社会情感或共同感的干扰因素都可能对儿童的精神发展产生巨大的不利影响。可以说，社会情感是儿童发展正常与否的晴雨表。

正是以社会情感为中心，个体心理学形成了自己的教学方法和技能。父母或其他看护者一定不能让儿童只依恋某一个人，如果允许这种情况发生，儿童就无法准备好面对将来的生活，或准备不充分。

发现儿童社会情感程度的最好方法之一是观察他进入学校时的表现。进入学校后，儿童会遭遇最早也是最严厉的考验之一。对于儿童来说，学校是全新的情境，因此，进入学校能检验儿童为应对新情境进行了怎样的准备，特别是面对陌生人的准备。

正因为人们普遍不知道如何引导儿童适应学校里的新生活，很多成人在回忆起他们上学的日子时觉得那是噩梦般的岁月。当然，如果学校管理恰当，经常能弥补早年家庭养育中的不足。理想的学校应该是家庭和更广的现实世界之间的中介和纽带，学校不应仅仅传授书本知识，还应教给儿童如何生活的知识。但是，理想的学校还在形成之中，能否依赖学校来弥补家庭教育的缺陷还是一个未知数，因此，我们还是应该从家庭教育入手来解决这一问题。

正因为我们的学校还不是理想的环境，在分析家庭教养时，它可能成为家庭教育是否成功的显示器。在家庭中没有学会如何与他人接触和相处的儿童进入学校时会与环境格格不入，因而被别人认为是怪异的。随着时间的流逝，这一趋势会变得越来越严重，并会因此阻碍儿童的正常发展，使他们成为问题儿童。在这种情况下，人们都会责备学校教育不力，但事实上学校只是使家庭教养中潜在的问题显露出来而已。

对于个体心理学而言，问题儿童能否在学校取得进步一直没有定论。但我们可以肯定的是，儿童开始在学业上失败是一个危险的信号。与其说这一危险信号显示的是学业上的挫败，还不如说是心理上的挫败。这意味着儿童开始对自己失去信心。他们开始变得沮丧，逃避有益的、正常的活动，总是寻求其他能获得自由和成功的方式。他不再按社会设计的方式发展，而是以自己的方式来获得优越感，以补偿其自卑感。这些方式往往能使个体快速获得心理上的成功和满足，对于受挫的个体具有巨大的吸引力。当人们不再遵守已确立的社会习俗，而是抛开社会责任和道德责任，破坏社会规则时，往往比遵循现有的社会规则更容易显示出与众不同的自我，并获得征服的快感。但不管个体表现出来的行为有多么的大胆和勇敢，如果他是通过这些方式来获得优越感，通常表明其内在是懦弱和脆弱的。这些人往往只尝试做自己有把握获得成功的事情，以充分展示其优越性。

我们看到，犯罪分子虽然表面上看起来勇猛无比，但其内心却是懦弱胆小的。同样，我们也能看到，在不那么危险的情境中，儿童的各种小动作会暴露出他们的脆弱感。我们经常看到有些儿童（有些成人也是如此）总是站不直，喜欢靠着东西。在传统的儿童教育中，人们只关注动作或行为本身，而不关注其背后的情境和原因。人们习惯于对这些儿童说："不要总是靠着东西。"事实上，这里关键的问题不是儿童靠着东西这个动作，而是他们总需要有东西来支持他们的这一心理需求。通过惩罚或奖励，人们很容易就能使这些儿童放弃倚靠东西这一脆弱的表现，但他们需要有东西来提供支持的这一需求并没有因此而得到满足，这一心理疾病还在继续发展。好的教育者能理解这类儿童，对他们充满同情，能读懂儿童外在表现背后所隐藏的心理疾病，因而能根除这一疾病。

从单一的表现中，我们往往能推断出个体的许多特质或特征。在上面提到的例子中，从儿童总喜欢靠着东西这一表现我们马上就能推断出这些儿童具有焦虑和依赖的性格特征。通过与其他我们熟知的案例作比较，我们就能重新构建出这样一种人格。简而言之，知道我们必须面对一个被宠坏的孩子。

我们现在讨论另外一类性格特征的儿童——缺乏关爱的儿童。研究历史上罪大恶极的人的生平和自传，就可以发现这类儿童的特征，不过是以极端的形式表现出来。所有这些人的故事最突出的特征是他们在儿童时期都遭受过虐待。他们因此而形成了强硬的性格，喜欢嫉妒和憎恨别人，不能忍受别人的快乐。然而，这类嫉妒的人不都是纯粹的坏蛋，在一些被认为是正常的人群中也有这类好嫉妒的人。当这些人管教孩子时，他们不能容忍孩子比自己的童年快乐，在父母和其他儿童监护人中我们都发现了这一情况。

持有这一观点和思想的人并非有意为难孩子，这只是反映了曾经遭受糟糕教养的人的心理状况。这些人能说出一大堆理由和名言来证明自己的观点，如"不打不成器"。他们提供的无数理由和事例并不能使我们信服，因为这种教育使儿童远离教育者，这一简单的事实足以证明他们严格的、强调权威的教育方式是徒劳无益的。

通过考察各种症状及它们之间的关系，并经过一定的实践，心理学家能组织建立一个系统，借助这一系统，有可能揭示个体隐藏的心理过程。虽然这一系统考察的每一个点都反映了个体完整人格的一部分，但只有在每一个考察的点都表明同一人格特征时，我们才会满足于现有结果，停止进一步的考察。因此，个体心理学不但是一门艺术，也是一门科学。我们要特别强调，个体心理学的这一推理机制和概念系统不能僵硬、刻板地应用到个体身上。在所有的调查研究中，最重要的是考察个体本身，绝不能从一两种表现形式中得出普遍的一般性结论；相反，我们必须寻找一切可能的支持性证据。只有当我们能成功证实我们的暂时性假设，如能在个体的其他行为表现中也发现固执和气馁的特征时，我们才能肯定固执和气馁是其整体人格的组成部分。

把外在行为与人格整体联系起来时，我们必须铭记：被考察的对象并没有意识到其自身行为表现方式与人格之间的关联，因而不可能隐藏真实的自我。我们从被考察对象的行动中了解其人格，即通过对一定情境中个体行为的解读来理解人格，而不应通过个体的语言及其对自身的看法来了解。这并不是说病人会特意跟我们撒谎，而是因为正如我们已经知道的，人们有意识的思想和无意识的动机之间存在巨大的差异，而弥合两者差异的最佳人选是没有直接利益关系而又充满同理心的局外人。无论是心理学家还是教师或父母，这个局外人必须学会以客观事实为基础，并把人格看成是个体为实现一定目的（但或多或少是无意识的）而努力奋斗的表达形式。

因此，个体对于有关个体和社会生活的三个基本问题的态度比其他事物更能展示其真实的自我。第一个问题是社会关系问题。这一问题我们在比较现实的个体性和客观性时已经讨论过。但社会关系同时也表现为某些特定的任务，如交朋友、和人友好相处等等。个体是如何解决这一问题的？他对这一问题是如何回答的？当一个人说友谊问题和社会关系问题与他毫无关系、他不必对此类问题作出回答时，冷漠其实就是他对这一问题的回答。毫无疑问，从这一回答我们可以推导出他人格的发展趋势和内在构成。况且，社会关系不仅仅是指交朋友或与人相处的具体行为，它还包括诸如友谊、同伴情谊、信任和忠诚等抽象的品质，个体对社会关系问题的回答表明了个体对所有这些品质的看法。

第二个重要的问题是关于个体想要如何生存的问题，即他想以何种职业来谋生。如果说社会关系的问题是由多个自我的存在决定的，是由"我—你"的关系决定的，那么第二个问题可以说是由"人—地球"这一基本关系决定的。如果把所有的人减少到一个人，这个人与地球就是相互关联的。他想从地球上得到什么？社会问题的解决是"我—你"双边关系的问题；同样，职业问题的解决也并不是单方面的、个人的事情，而是事关人与自然的关系问题。在这一双边关系中，并不是完全由人一方说了算。能否成功并不取决于我们个人的意愿，而与客观事实息息相关。正因如此，个体对职业问题的回答及其回答的态度能在很大程度上揭示其人格及对生命的态度。

第三个基本问题的提出是基于人类存在两种性别这一事实。同样，对这一问题的解决也不是个人的、主观的事情，而必须依据两性关系内在的、客观的逻辑来解决。我们对异性的态度是什么？对这一问题的典型错误观念是认为两性关系是个人问题。事实上，只有全面地、仔细地考虑有关两性关系的问题，才有可能得出解决这一问题的正确答案。况且，我们可以合理推断，任何对爱情与婚姻问题正确解决方式的偏离都表明了其人格中存在的错误和偏差。同时，这些内在的人格偏差能诠释为什么对两性关系问题错误的解决方式可能带来众多不良后果。

因此，通过考察个体回答这三个基本问题的方式，我们就可以发现他们一般的生活方式和特定的人生目标。这一目标无所不在、无所不能。它决定了一个人的生活方式并反映在个体每一个行为之中。因此，如果这一目标促使我们成为友善之人，使我们的生活具有积极意义，那这一目标对个体如何解决这三个基本问题的影响是不言而喻的。所有的解决方法都会具有建设性意义，个体也会参与建设性的、有意义的活动，从而获得幸福感、价值感、力量感。如果目标是相反的，即目标是导向自私的、无意义的生活，个体将无法解决这三个基本问题，也无法从妥善解决问题的过程中获得快乐和幸福。

这三个基本问题是密切相关的，这种密切关系因下面这一事实而更为强烈和明显：在社会生活中，由这些基本问题引发的具体任务只有在社会或共同体背景下才能得到妥善的解决，或者说，只有在社会情感的基础上才能妥善解决这些问题。这些任务从很早的时候就开始了：当我们的感官因社会生活的刺激而发展的时候，在看、说、听的过程中，在与我们的兄弟姐妹、父母、亲戚、熟人、同伴、朋友和老师的关系中，这些任务就开始了。这些任务以同样的方式贯穿我们的一生，因此，逃避与同伴社会接触的个体会处于迷茫之中。

因此，个体心理学坚决主张对社会和社区有意义的才是"正确的"，对社会标准的每一次偏离都背叛了"正确"的本义，并导致"正确"与客观规律和现实客观必然性之间的冲突。这种冲突首先就会使犯错的个体产生无价值感，也会导致那些受到侵犯的他人更为猛烈的报复和攻击。最后，每个人都有意或无意地具有一种内在的社会崇高目标，偏离社会标准违反了人的这种天性。

由于个体心理学严格地以社会情感作为个体发展的检验标准，因而很容易理解和评估所有孩子的生活方式。因为只要儿童面临某一生活问题，就如进行体检一样，他就会暴露他是否做好了"正确"的准备。或者说，他就会展示他是否具有社会情感，是否具有勇气、理解力，总的来说，是否具有有意义的目标。那么，我们需要探究的是他努力奋斗的形式和节奏、自卑感的程度及社会意识的强烈程度。所有这些事物都是密切相关、相互渗透的，因而形成一个有机的、不易破坏的整体。除非我们发现这一整体建构的错误之处，并重新建构一个整体，否则，这一整体是牢不可破的。

第 二 章

人格的统一性

儿童的精神生活是精彩无比的，我们触碰到的每一处都令人着迷。其中最令人惊叹的也许是这一事实：要理解儿童生活中的某个单一事件，我们必须了解其生活的全部。每一个行为和动作似乎都是儿童生活和人格的一种表达，不了解隐藏于背后的儿童生活和人格的整体，我们就无法准确理解单个的事件和行为。我们将这种现象称为人格的统一性。

　　人格统一性的发展（即把行为和表现整合成统一的模式）从很早就开始了。生活要求儿童用统一的模式对外界刺激作出回应，这种统一的模式不但构成了儿童性格的重要部分，也使得行为个体化，从而与其他儿童类似的行为区分开来。

　　大多数心理学流派都忽略了人格统一性这一事实；或者，即便没有完全忽略它，也没有给予它应有的重视。结果，我们经常发现，在心理学理论或精神病治疗技巧中，人们把某一特定动作或表现单独拿出来研究，似乎它是独立的实体。这些单个动作或表现有时被称为情结（complex）。这一做法的前提假设是人们有可能把单个动作从个体的其他活动中分离出来。但这种分离是荒谬的，就如把一个音符从整首乐曲中分离出来，然后尝试脱离组成乐曲的其他音符来理解这一音符的意义。不幸的是，这一分离过程虽然很有问题，却被广为传播和应用。

个体心理学必须坚决反对这一错误做法。这一做法对于儿童教育尤为有害，我们以惩罚儿童为例来说明这种危害。当儿童做了一些招致惩罚的事情时，一般会发生什么呢？确实，在一定程度上，人们一般会考虑儿童的性格，但这经常会成为正确处理问题的不利因素，而不是有利因素。因为教师或父母对重复犯错的儿童容易存在偏见，认为他们屡教不改，因而加重处罚。而在惩罚偶尔犯错的儿童时，人们会考虑他平时的表现，给予其不那么严厉的惩罚。然而，这两种情况都没有找到问题的真正根源，因为我们没有在理解儿童人格整体的基础上来处理问题。我们正试图把音符从乐曲整体中分离出来，并尝试去理解它的意义。

当我们问儿童他为什么懒惰时，我们不能期望他了解最本质的关系（这是我们想知道的），也不能期望他告诉我们撒谎的原因。苏格拉底对人性有着深刻的见解，他在几千年前就告诉我们："认识自己太难了！"这个问题即使对于心理学家也是很难的，既然这样，我们又怎么能要求儿童回答这么复杂的问题呢！要想了解个体表达的意义，我们就必须理解其人格的统一性。这并不意味着要描述他做了什么、怎么做的，而是要了解儿童面临任务时所持有的态度。

下面这个案例能说明了解儿童的整体生活有多么重要。

一个 13 岁的男孩，他有一个妹妹。5 年以前，他是家里唯一的孩子，享受着家人所有的照顾。后来，妹妹出生了。以前家里所有人都会尽力满足他的一切愿望，母亲毫无疑问很宠爱他。因为爸爸是一位军人，经常不在家，很自然，这个男孩和妈妈很亲。男孩依赖性很强，也很固执，而妈妈性情温和、善解人意，总是尽量满足男孩的一切愿望，即使有些愿望稀奇古怪、不合常理。但是，男孩有时会做出粗野的、威胁性的行为，这令妈妈非常烦恼。妈妈和儿子的关系变得有点紧张，主要表现为男孩总是试图欺压妈妈，如命令她干这干那，嘲笑她。总而言之，只要有机会，无论何时何地，他都会以令人讨厌的方式使自己处于被关注的中心。

妈妈对儿子的行为感到非常苦恼。但除此之外男孩并无其他特别坏的表现，她妥协了，还是帮助他整理衣物，给他辅导功课。因此，男孩充分相信，不管他陷入什么麻烦，妈妈总是会帮助他渡过难关的。毫无疑问，他很聪明，也和其他大多数孩子一样接受了良好的教育。8 岁之前，他在学校的表现也不错。但他 8 岁那年，妹妹出生了，家庭环境发生了巨大的转变，使得他与父母的关系变得糟糕。他完全自暴自弃，对个人卫生也毫不在乎，甚至大小便都无法自控，这使妈妈抓狂。当妈妈没有满足他的愿望时，他就会撕扯妈妈的头发。他总是掐妈妈的耳朵或抓她的手，不让她有片刻安宁。他一直以这样的方式与人相处，当妹妹长大一点时，他又把这一行为模式更多地用到妹妹身上，妹妹很快就成为他攻击的目标。虽然他还不至于对妹妹造成身体上的伤害，但他对妹妹的嫉妒之心已经非常明显。他在行为方面的糟糕表现可以追溯到妹妹出生的时候，因为她的出生对家庭结构产生了影响。

需要特别强调的是，当儿童的行为变得越来越坏，或者出现了某些令人不愉快的现象时，我们不能只考虑这种情况是从何时开始的，也应考察这一情况产生的原因。"原因"用在这里有点勉强，因为人们无法理解为什么妹妹的出生会是哥哥变成问题儿童的原因。然而，这种情况却经常发生。事实上哥哥对待妹妹出生的态度有问题。这里的因果关系并不是严格的物理学意义上的因果关系，我们可以说，当石头落地的时候，它肯定是按一定的方向和速度在运动，但我们不能说，因为弟弟或妹妹降生了，所以哥哥就必须变坏。但个体心理学的调查表明，在心理的"落地"中，严格意义上的因果关系并不适用，因为个体所犯的错误，无论大小，都会影响其将来的发展。

毫无疑问，在人类心理发展过程中总是会出现一些错误，这些错误及其所导致的后果会相互印证，并在失败或错误的倾向中暴露出来。这一切都是因为我们心理的目标设置活动，目标的设置包含判断，也就是说，包含了犯错误的可能性。这种目标的设置或决定从很早就开始了。一般来说，儿童在 2 岁或 3 岁的时候就开始给自己确定超越的目标，这一目标永远无法达到，而个体一直在以自己的方式努力奋斗，追求这一目标。然而，虽然所有人在确立目标时都可能作出错误的判断，但这对于儿童来说几乎是不可避免的。儿童会将这一目标具体到他的行为和整个生活安排中，这样，儿童就会一直为达成这个目标而奋斗。

因此，现在我们就能理解为什么以下两点特别重要：（1）牢记儿童的发展是由个体对事物个人的、独特的解读而非事物本身所决定的；（2）认识到当儿童接触新的、困难的情境时，其行为表现总是与其个人特有的错误相关。我们知道，情境能否给儿童留下深刻或独特的印象并不取决于客观事实或环境（如在上面的案例中，客观事实是妹妹的出生），关键是儿童如何看待这些事实。就这一点，我们就可以理直气壮地驳斥因果理论，这一理论认为，必然联系存在于客观事实与其绝对意义之间，而不存在于对事实的错误观念之间。

我们精神生活真正的精彩之处在于，是我们对事实的观念决定了我们行动的方向，而不是事实本身。这一点特别重要，因为我们对所有活动的控制和人格的建构都是以此为基础的。恺撒登陆埃及的故事很能说明主观观念在人类行动中的重要作用。恺撒登陆的时候被绊倒了，摔在地上。罗马士兵认为这是一个不祥的征兆。虽然罗马士兵非常勇敢，但如果不是恺撒在摔倒后马上用手抓了两把沙子站起来，并大声喊道"非洲，你是我的"，他们可能早就打道回府了。从这件事情上我们可以看到，现实的构造产生的因果影响是多么微不足道；有组织的、有良好整合能力的人格能塑造和决定现实对人的影响。同样的情况在大众心理与常识推理的关系中也可以看到：如果某种从众的心理状态让位于常识推理，不是因为情境会引发、决定某种大众心理或常识推理，而是因为两者都是自发的、自然的观点。一般来说，人们只有在实践了错误的观点之后才会形成某种常识。

我们回到那个男孩的故事。男孩很快就发现他处境堪忧。人们不再喜欢他，他在学校没有进步，但他的行为方式仍然没有改变。他不断地骚扰别人，这种行为完全成为他人格特征的表现形式。那么，会有什么后果呢？他只要骚扰别人，就会马上受到惩罚。他父母要么收到他糟糕的成绩单，要么接到投诉信。最后，他被学校劝退，因为他不适合学校生活。

对于这样一种解决方式，男孩可能是最开心的人，他要的就是这个结果。他的这一态度又一次说明了他行为方式的逻辑一致性。这种态度当然是不对的，但一旦他这样认为，就会一直表现出来。他最根本的错误在于，他一直想让自己成为他人注意的中心。如果说他应该为什么错误而受到惩罚的话，就是他的观念、目标设置出现了错误。由于这一错误的观念，他总是想方设法让妈妈关注他。也是因为这一错误观念，他感觉自己以前像国王，独裁统治了8年，然后突然从王位上被赶下来，被废黜了。在他被赶下王位之前，他是妈妈的唯一，妈妈也是他的唯一。然后，妹妹出生了，他极力抗争，想要夺回自己丢失的王位，这是他犯的第二个错误。但我们必须承认，他这样做并不是天生邪恶或恶毒。当儿童遇到他没有准备好的情境，在抗争的过程中又没有得到有效的指导时，他就可能变得邪恶。例如，一个孩子只习惯待在所有人都全心全意为他服务的环境中，但突然之间，事情完全颠倒过来了——孩子上学了。在学校，老师要照顾很多孩子，必须把注意力分配给很多的人，当儿童要求过多的关注时，老师就会很烦躁。这种情境对于被溺爱的儿童是相当危险的，但在开始的时候儿童绝不是邪恶残酷或不可救药的。

可以料想，这个男孩的个人生存模式和学校所要求的生存模式之间产生了冲突。简单地说，这种冲突是男孩个人人格目标和学校生活设定的目标之间的分歧，这两个目标所指的方向截然不同。但是，儿童生活中的所有事情都是由目标所决定的，可以说，除非生活目标发生方向性的改变，否则，他的整个生活系统都会保持不变。加上学校期待每个儿童都有正常的生存模式，因此，冲突在所难免。然而，在这一过程中，学校既没有认识、体谅这一情境中儿童的心理事实，也没有试图从根源上避免冲突的发生。

我们知道，这个男孩生活中最强烈的愿望是让妈妈为他服务，并且只为他一个人服务，他所有的行为都是被这一愿望所驱动的。在这一心理模式的驱动下，所有的事情都有可能聚焦到这一点：我必须控制妈妈，我必须是唯一占有她的人。但是，人们对他有别的要求，如自己独立玩耍、自己完成学校功课、自己整理物品等。这就好比突然间要把一匹兴奋的赛马硬拽去拉马车一样。

　　这个男孩在这种情况下的表现当然还不是最严重的，即使这样，当我们知道事情的真正原因之后，我们会对男孩的处境深表同情。学校惩罚男孩不会有任何效果，那只会使他更加坚信，学校不是他应该待的地方。如果学校开除他，或要求父母带他离开，那他就离自己的目标更近了。他这一错误的知觉模式就像一个陷阱，让他感觉到自己已经实现了目标，因为他确实感觉已经把妈妈牢牢控制在自己手里了——妈妈必须又全心全意地关注他一个人，而这正是他想要的。

　　了解了事情的真实情况之后，我们就必须承认，针对男孩的某一个或两个错误来惩罚他是毫无意义的。例如，他忘记了带课本——这一点都不奇怪，因为这样，他妈妈就必须为他做事情了。所以，这不是单个的事件，而是整体人格的一部分。如果我们知道这个男孩所有的行为都是他人格整体的一致性表现，我们立马就明白男孩只是在根据他的生活方式行动。同时，他能根据人格来行动的逻辑一致性也证明他在学校不尽如人意的表现并不是因为他意志薄弱，因为一个意志薄弱的人是不可能坚持自己的生活方式的。

这一复杂案例还能带给我们其他的启示。事实上，我们都会在某种程度上遇到跟男孩相类似的情况。我们自己的模式，即我们自己对生活的解读，和社会现有传统不可能完全一致。过去，人们都把社会传统看成是神圣不可侵犯的；而现在我们已经意识到，人类社会习俗和传统并不是神圣的或固定不变的，它们都处于发展的过程之中，而促进这一发展过程的是社会中个体的抗争。社会习俗和传统是为个体而存在的，而不是相反，即个体应该为社会习俗而存在，应该完全顺应社会。个体得到拯救的关键在于个体具有社会意识，但社会意识并不意味着强迫个体适应统一的社会模式。

从这样的角度（社会意识拯救个体，但并不强迫个体适应统一的社会模式）来考察个体与社会的关系是个体心理学的基本宗旨，这一宗旨对学校系统及如何对待不适应学校的儿童具有特别重要的意义。学校应该学会将儿童看成是具有鲜明个性的人，看成是有待培养和发展价值的人；同时，在判断特定事件时要具有心理洞察能力，不把这些特定事件看成是孤立的，而是看成人格的统一性表现，是整首乐曲的一部分。

第 三 章

追求卓越及其教育意义

除了人格的统一性之外，关于人性的最重要的心理事实应该就是对卓越和成功的不懈追求了。这种对卓越与成功的追求当然与人的自卑感有直接的关系，因为人如果没有感到不足和自卑，就不会有任何超越当下情境的欲望。事实上，这两个问题——追求卓越和自卑感是同一心理现象的两个方面，但为了讨论的方便，我们会把它们当成是相对独立的两个问题。本章我们主要探讨对卓越的追求及其对教育的影响。

讨论这一主题时我们碰到的第一个问题可能就是：追求卓越是不是天生的，就像我们的生物本能一样。我们必须说，这种猜测几乎不可能存在——我们绝不能在任何意义上把追求卓越看成是天生的。但是，我们必须承认，对优越感的追求以某种胚胎的形式存在，并有发展的可能性。可能最恰当的表达方式是这样的：人类的本性与其追求卓越的发展是息息相关的。

我们都知道人类活动是限定在一定范围之内的，有一些能力是我们永远都不可能发展和形成的。例如，我们永远都

31

不可能拥有狗一般的嗅觉，也不可能感知光谱中的紫外线。但人类有一些功能和能力是可以得到进一步发展的，这种进一步发展的可能性正是人类追求卓越的生理基础，也是人格心理发展的全部根源。

就如我们所看到的，无论是儿童还是成人，无论在何种环境之中，人类普遍具有维护自我的强烈冲动，我们无法消灭这种冲动。感到自己不如别人、担心自己被别人看低，加上有时没有把握和自卑的情绪，使人类总想达到更高的水平，以获得补偿，变得完整。

我们可以看到，环境的影响使儿童产生自卑、软弱、不确定的感觉，儿童身上的某些特质试图消除这些感觉，而这转而对他们整体的精神生活产生重要影响。儿童奋斗的目标是从当前状态中解放出来、使自己达到更高水平，获得平等。儿童上进的愿望越强烈，给自己设定的目标就越高，因为他想证明自己的力量，而这种证明经常超越了人类力量的极限。由于儿童有时能从各个方面获得支持和肯定，他们会对未来做出近乎神一般的规划，认为自己与上帝一样无所不能。这一般发生在自我感觉很脆弱的儿童身上。

我们来看一个 14 岁的孩子的案例。这个孩子发觉自己心理状态非常糟糕。当我们询问他对于童年的印象时，他告诉我们，当他 6 岁的时候，发现自己不能吹口哨，感觉非常痛苦。然而，有一天，当他走出屋子的时候，他发现自己会吹了！

他觉得非常吃惊，他相信那是上帝在他的身体里吹口哨。这件事清楚地表明，脆弱的感觉和接近神的感觉是紧密相连的。

人们追求卓越的欲望与个体鲜明的性格特征紧密相关。通过研究儿童的这些性格特征，我们就可以理解他们所有的雄心壮志。自我证明愿望特别强烈的儿童经常会产生嫉妒的情绪。这类儿童容易形成这样一种习惯——希望他们的竞争者遇到各种倒霉的事情；有时候不仅仅是希望（这经常会引起神经衰弱症），还会伤害对手，给对手制造麻烦，甚至时不时会表现出明显的犯罪特征。这样的孩子有可能会诽谤别人、泄露内部秘密或贬损同伴，以提升自身的价值，特别是当有人关注他的时候。因此，对于他来说，是他自己的价值上升还是他人的价值下降并不重要，最重要的是所有人都不能超过他。当儿童渴望力量和权力的愿望特别强烈的时候，就会变得不那么善良，甚至狠毒、报复心强。这类儿童总是表现得很好斗，喜欢挑衅别人，这从他们的外表就可以看出来——他们眼神犀利，会突然爆发脾气，随时准备与假想中的敌人战斗。对于以卓越为目标的儿童来说，参加学校考试是特别痛苦的过程，因为这有可能暴露他们的不足，使他们觉得自己一无是处。

前面讨论的事实表明，我们有必要使考试适合儿童的特质，同样的考试对于不同的孩子意义很不一样。我们发现，对于有些孩子来说，考试是极其沉重的包袱。一有考试，他们就会脸色发红，接着变得惨白，还开始说话结巴，全身发抖；他们头脑一片空白，担心自己考不好，感到羞愧和害怕，整个人陷入瘫痪状态。有些孩子只能和别人一起回答问题，因为怀疑自己被别人密切关注，他们根本无法单独回答问题。这种对卓越的渴望也会表现在游戏中。强烈渴望高人一等使他们在游戏中只愿意扮演骑马人这样的领导者和掌握方向的人，而不愿意扮演马这样的角色。但如果他们曾经在游戏中扮演骑马人这样的角色时受挫，他们就会乐于在别人玩游戏时捣乱。况且，如果孩子曾经多次受挫，他的雄心就会一落千丈，任何新的情境都会使其退却，而不是促使其前进。

雄心壮志没有受到打击的儿童会对各种竞争性游戏表现出浓厚的兴趣，但遭遇失败时他们同样会惊慌失措，不知如何面对。我们经常能从儿童最喜欢的游戏、故事、历史人物和现实人物中推断出他们渴望证明自我的程度和趋势。很多成人崇拜拿破仑，他是野心勃勃的人的最佳偶像。强烈感觉自己低人一等的人经常是妄想自大狂，自卑感令他们对现实失望至极，转而寻求现实之外的满足感和陶醉感，类似的事情也经常发生在梦里。

通过观察，我们知道儿童追求卓越的努力具有多方向性，这些不同的方向可以划分为不同的类型。但因为努力的方向其实是无穷无尽的，且主要由儿童对自己的信心来决定，因此，我们不可能对其进行精准的分类。发展没有受挫的儿童在追求卓越的过程中会努力获取有用的技能，他们设法使老师满意，遵守规章制度，发展成为正常的学生。但从我们的经验来看，这种情况并非主流。

有些儿童总想超越别人，这种欲望异常强烈，简直令人难以置信。通常儿童这种追求卓越的努力会表现为不切实际的雄心壮志，而这种雄心壮志很容易被接受，因为我们习惯于把有雄心壮志当成一种美德，认为它能促使儿童进一步努力提升自己。然而，儿童虽然能在短时间内承受这种膨胀的野心，但他们会逐渐感觉到这种紧张感、压迫感过于强大，这是不可避免的。况且，这类儿童绝大多数时间可能都在家里学习，其他的活动会受到影响。这样的孩子往往会以提升成绩为理由来回避其他问题。儿童的这种发展状况是令人担忧的，因为在这种情况下，他们的身体和心理都不可能健康成长。

拼尽全力超越别人的方式并不适合促进儿童正常的成长。总有一天，环境会迫使他认识到，不能只是待在家里读书，必须到户外去，和朋友交往，从事其他活动，等等。同样，这类孩子不是主流，但数量也不少。

另外，在一个班上经常会有两个学生是隐性竞争者。仔细观察会发现，这些儿童有时会形成一些不太好的性格特征，如容易嫉妒和嫉恨，无法形成独立、和谐的人格。其他儿童的成功会令他们恼怒不已；当其他人不断取得进步时，他们会出现神经性头痛、胃痛等。当其他孩子受表扬时他们会退到一边，当然，他们也从来不表扬其他孩子。这说明他们产生了嫉妒之心，而这种嫉妒对于实现其雄心壮志毫无帮助。

这样的孩子很难与同伴融洽相处。在所有活动中他们都想做领导者，不愿意遵守游戏的一般规则。结果，他们不愿意与同伴玩耍，对同学非常傲慢。对于他们来说，每一次与同学接触都是令人不快的，越是这样，他们就对自己的地位越没把握。这样的孩子从来都不敢确认自己的成功，当他们感觉自己处于不安全的氛围中时，容易紧张和恐惧。别人对他们的期望，加上他们对自己的期望，使他们不堪重负。

这些孩子对家人的期望特别敏感。他们会兴奋而紧张地完成交给他们的所有任务，因为他们总是渴望超越所有人，成为"杰出人物"。他们能感觉到自己肩负的沉甸甸的希望；只要环境有利，他们会一直背负着这种希望。

如果人类能掌握绝对真理，能找到一种完美的方法使儿童免于各种困境，那可能就不会有问题儿童了。因为我们没有这样的方法，也因为我们不能按理想的标准布置儿童必须适应的环境，因此，对儿童的过度期望显然是很危险的事情。与没有这种雄心的儿童相比，这类儿童会以截然不同的方式面对困难。我们这里所说的困难是指那些不可避免的困难。

事实上，我们现在不能，甚至永远也不能使儿童不遇到任何困难。这一方面是因为我们的方法还不适合所有儿童，还需要进一步发展和提升；另一方面也是因为过度的雄心壮志破坏了儿童对自己的信心。面对困境，他们缺乏克服困难所必需的勇气。

野心太大的孩子只关注使其成功得到认可的最后结果。成功本身并不能令他们心满意足，成功得到认可才是他们关注的重点。我们知道，很多情况下，在遭遇困难的时候，儿童保持心理平衡比尝试克服困难本身更为重要。但被野心驱使的孩子并不能明白这一点，对于他们来说，没有他人的羡慕和钦佩是不可想象的。结果，我们看到，无数人活在他人的意见之中。

通过观察天生有生理残疾的儿童，我们可以看到在价值感方面保持平衡有多么重要。这些案例并不罕见。一般人都不知道，很多儿童左边身体发育得比右边要好。左利手儿童在我们这个右利手文明社会中会遇到很多困难。我们必须用一定的方法来区分儿童是左利手还是右利手。我们发现左利手儿童几乎无一例外地在书写、阅读和画画方面特别困难，一般来说，他们的手比较笨拙。有一个简单但不是绝对准确的方法来区分天生的左利手或右利手儿童：请儿童把双手交叉。左利手儿童交叉的时候一般会把左手的大拇指放在右手的大拇指上面。通过这一方法可以发现，很多人天生是左利手，但他们自己却从不知道！

调查了大量左利手儿童的经历后，我们发现了下面的事实：首先，这些孩子一般被认为是笨拙的（我们社会所有的设施和安排都是根据右利手人来设计的，人们有这种观点并不奇怪）。只要想想下面的情境就知道左利手人面临的处境是多么困难了：我们习惯了车靠右边行驶，但现在我们必须穿过一个镇上的一条街，而这个镇的车都是靠左行驶的（例如英国、阿根廷①）。如果家里其他人都是右利手，儿童的处境会更糟糕。他的左利手会给家人和自己带来诸多不便。在学校开始学写字的时候，他发现自己写得比一般人都要差。因为人们不理解这种状况，因此会嘲笑他，给他低分数，甚至会惩罚他。在这种情况下，儿童除了相信自己在某些方面比别人差之外，还能怎么解释他所受到的待遇呢？慢慢地，他会感到自己先天不足，在某些方面不如别人，或者无法与其他人竞争。由于他在家也受到嘲讽，因此，他更加确信自己是比不上别人的。

当然，儿童不是必然接受这种失败的结果，但这种令人沮丧的环境使很多儿童放弃了抗争。因为他们不了解真实的状况，也没有人告诉他们应该如何克服这些困难，他们很难一直抗争下去。出于这个原因，很多人书写潦草，因为他们的右手没有接受充分的训练。事实证明这一困难是可以克服

---

① 编者注：阿根廷现在是靠右行驶。

的，因为很多左利手人成了杰出的画家，有些也成了雕刻家。这些人虽然天生是左利手，但通过训练，他们使用右手的能力得到了良好的发展。

其次还有一种错误的说法，即认为训练左利手儿童使用右手会使他们变成结巴。其解释是：左利手儿童面临的困难有时过于沉重，因此，他们可能丧失说话的勇气。这就是为什么左利手人表现出其他缺乏勇气的行为（如神经官能症、自杀、犯罪、堕落等）。此外，人们发现，克服了左利手困境的人经常能取得杰出的成就——经常是在艺术领域。

单独一个左利手的特征可能不能说明太多问题，但它至少告诉了我们一件重要的事情：没有将儿童的勇气和恒心培养到一定程度，我们就无法确定他们任何方面的能力。当儿童被威胁、被剥夺了对美好未来的希望时，他们似乎仍然能够创造成功的未来。但是，如果我们给予他们更多的勇气，这些儿童取得的成就可能会大得多。

因为人们习惯于用成功的结果来评价雄心勃勃的儿童，而不是他们为面对困难所做的准备和为战胜困难所付出的努力，因此，这些儿童的处境可能不利。我们现有的文明也更习惯于关注眼前的成功，而不是完整的教育。而这种能轻松获得的短暂成功只不过是昙花一现，因此，训练儿童的野心并非明智之举，更重要的是，我们要培养儿童的勇气、恒心和自信，让他们认识到，失败只不过是需要处理的新问题，而不是阻挠前进的障碍。如果老师能认识到孩子在哪方面的努力是无效的，也能识别孩子在开始时是否付出了足够的努力，儿童就更容易认识到这一点。

因此，我们现在知道，追求卓越的努力可以表现为拥有雄心。有些儿童在最初的时候表现得雄心勃勃，想成为最优秀的，但后来却放弃了，因为有其他孩子已经超越他们太多，因此，他们觉得无论怎么努力，自己的目标都是遥不可及的。很多老师对这种进取心表现不足的儿童采取非常严厉的教育方式，或者给他们打很低的分数，想激发他们潜在的雄心。如果有些孩子幸存一丝勇气，这种方法偶尔会取得成功。但是，我们不建议普遍使用这种方法，因为这样会使这些学习上已经接近危险地带的儿童茫然无措，变得更加愚笨。

此外，我们经常吃惊地发现，那些被给予温柔、爱和理解的儿童身上表现出令人折服的聪明才智。事实上，这些儿童经常表现得野心勃勃，这只是因为他们害怕回到以前的状态。在他们眼里，之前的生活方式、过去的一无所成就像警钟，促使他们不断进取。他们中很多人在之后的生活中都会像着了魔一样，夜以继日地工作，没完没了地加班，永远认为自己做得不够。

如果我们记得个体心理学的首要思想，即每个人的人格（儿童和成人都是如此）都是一个统一整体，它总是以个体逐步形成的行为方式表现出来，那么我们对这一切就更加了如指掌。脱离行为者的人格单独评价某一行为是不恰当的，因为我们有很多种方式来解读某种特定的单一行为。当我们把行为放在人格整体中来理解时，这种理解的不确定性和模糊性马上就会烟消云散。例如，拖拉只是儿童回应学校任务的必然方式。这只是意味着他们宁可与学校没有任何关系，这样他们就不必按学校的要求行事了。事实上他们会想尽一切办法不遵守学校的规章制度。

从这一立场出发，我们就能对学校的"坏"孩子有一个完整的了解。我们看到，当儿童追求卓越的努力与学校要求不一致、不被学校接受的时候儿童是如何应对的。他会出现一系列典型的行为症状，慢慢地，这些症状变得越来越难以矫正，甚至变本加厉。他可能会变成宫廷小丑式的人物，除了用恶作剧使别人发笑之外，终日无所事事；也可能爱骚扰同伴，或者逃学，与不务正业的人为伍。

那么，现在我们明白，不但在校儿童的命运掌握在学校手里，他们之后的发展也深受学校生活的影响。学校的教育和培养在很大程度上决定了个体的未来生活。学校生活是家庭生活和社会生活的中介。一方面，学校生活有可能矫正家庭养育中形成的不良生活方式；另一方面，它有责任为儿童适应社会生活做好准备，确保儿童能顺利完成各安其位的社会赋予个体的职责。

回顾历史，学校的角色一直是根据当时理想的社会标准来培养个体的。无论是贵族学校、宗教学校、资产阶级学校还是民主学校，它们的目标都是根据时代和统治者的要求来培养儿童。随着社会思想的变化，如今的学校也应该作出相应的改变。因此，如果今天理想的成人个体是独立、自控、勇敢的男人或女人，学校就必须调整自己，使自己培养出来的人才接近这一理想的目标。

或者说，学校不能把自己当成教育的目的，必须记住的是，学校是为社会培养个体，而不是为学校自身。因此，学校不应该忽略那些已经放弃成为优秀学生的儿童。这些儿童不一定缺少追求卓越的进取心。他们可能转向那些不需要那么努力的、相信自己（有可能是正确的，也有可能是错误的）更容易取得成功的事情。这可能是因为他们在早年的时候无意识地接受了其他活动的训练，因而具备了某些方面的技能。因此，他们可能无法成为杰出的数学家，但可能成为优秀的运动员。教育者永远不要贬低这些突出的成就，而应当以此为起点，激励儿童获得其他领域的成功。如果教育者从儿童令人鼓舞的成就入手，使儿童相信其在其他方面也可以取得同样的成就，那对于儿童的教育就省事多了。可以说，这就是诱使儿童从一个有成就的领域转向另外的领域。除了那些弱智儿童，所有正常儿童都完全可以完成学校的任务，需要克服的只是一种人为的障碍。这一障碍来源于我们的评价标准——我们总是以抽象的学校分数，而不是以教育的最终目的和社会目标作为评价的基础。这一障碍使儿童丧失信心，因为在有意义的活动中他们找不到合适的方式来表现自身的优越，因而对这些活动逐渐失去了进取心。

在这种情况下儿童会怎么做？他们想到的办法是逃避。我们经常发现，这些儿童会表现出鲁莽、固执等不被老师表扬，但可以吸引老师注意力或引起其他儿童钦佩的性格特征。通过这种捣乱的方式，这些孩子经常把自己当成英雄或小巨人。

儿童在学校学习的过程中就会出现这些心理问题的症状和偏离正常轨道的行为问题。虽然这些症状和问题是在学校里才表现出来的，但我们不能把其根源都归于学校。从消极的意义上来讲，学校除了承担积极的教育和矫正的使命之外，还是显现早期家庭教育缺陷的试验场所。

优秀的、细心的教师在孩子入学的第一天就能看出很多的问题。因为很多孩子一进入学校这个新的环境马上就会表现出受宠儿童的所有症状，对于他们来说，新环境是最痛苦、最令人不快的。这些儿童缺乏和其他人接触的经验，因此，能交到朋友对于他们来说非常关键。如果儿童在上学之前具备了与他人接触的知识，情况就会好很多。儿童绝不能只依赖于某一个人，而对其他人都排斥。学校必须矫正家庭教育缺陷，但如果儿童在上学之前就能在一定程度上避免这种缺陷，他们在学校的表现就会好很多。

在家里被宠坏的儿童缺乏专注力，他们是不可能马上专注于学校的各项任务的。他们更渴望留在家里，而不是上学，事实上，他们对学校不会有"感觉"。我们很容易就能发现他们憎恶学校的迹象。例如，父母不得不在早上威胁他起床；必须不断地催促他做这做那；他在吃早餐时总是磨磨蹭蹭；等等。这样的孩子似乎遇到了不可逾越的障碍，因而无法进步。

解决这一问题的方法和对待左利手儿童的情况一样：我们必须给予这些孩子充足的时间来学习；当他们迟到的时候，不要惩罚他们，因为惩罚只会增加他们在学校的不愉快感，也会使他们更加确信自己的感觉——学校不是他们应该待的地方。当父母为了让孩子上学而鞭打他们时，孩子不但不想上学，而且会想办法使自己的处境不那么糟糕。这些办法当然不是真正地面对、克服困难，而是逃避。儿童的每一个手势、每一个动作都会反映出他对学校的厌恶及在处理学校问题方面的无能为力。例如，他永远都不把书放到一起，总是忘记或丢掉它们。当孩子形成忘记或丢书的习惯时，我们就可以肯定，他在学校过得并不愉快。

在研究这些儿童时我们发现，这些儿童几乎都认为自己不能在学校取得任何程度的成功。儿童的这种自我贬低并不全是他们的错，周围的环境也助长了他们的这种自我评价。比如，在家的时候，盛怒中的家人可能会说他们将会一事无成，或者说他们愚蠢或一无是处。当儿童在发现学校的某些事情似乎证实了家人的这些指责时，他们没有足够的分析能力（他们的长辈也经常缺乏这种分析能力），无法纠正这种错误的解读。因此，他们还没有进入战争就已经弃甲而逃了，把自己设定的失败看成是不可克服的障碍，证明了他们的低能或无能。

因为一般的环境都是这样，因此，一旦有了错误，改正错误的机会就微乎其微；尽管这些儿童明显要求上进，但他们在学习上通常落后于他人，因此，他们很快就放弃了努力，转而捏造不用上学的借口。缺课，也就是逃学是最危险的表现之一。逃学被认为是最严重的错误之一，通常会受到严厉的惩罚。因此，儿童被迫变得狡诈和不诚实。还有一些做法使他们在错误的道路上越走越远。他们伪造家长写的条子到学校，也伪造学习成绩单带回家；他们可以给家里编造一系列的谎言，说他们在学校做的那些该做的事情，而实际上他们压根没去学校。不去上学，他们就必须找一个地方藏起来。毫无疑问，他们经常会碰到同样逃学的孩子。追求卓越使他们不仅仅满足于逃学，他们会有进一步的行动——干违法的事情。他们越走越远，直至成为惯犯。这些孩子会组成帮派，开始偷窃，偷吃禁果，感觉自己长大了、成熟了。

有了开始，这些孩子会寻求更多的东西来满足他们的雄心。因为他们的行为还没有被发觉，因此他们觉得自己可以实施最狡猾的犯罪。这也解释了为什么那么多孩子不放弃他们的犯罪生涯。因为他们认为自己在别的方面不可能取得成功，因此，他们希望在犯罪这条路上走得更远。他们排除了一切可能促使他们从事有意义活动的东西。他们的雄心总是被同伴的行为所刺激，促使他们从事新的偏离社会或反社会的行为。具有犯罪倾向的儿童无一例外都是极为自负的，这种自负和"雄心"来源相同，总是促使儿童在某一方面出类拔萃。因此，当儿童不能在有意义的活动中找到自己的位置时，他们就会转向无意义的活动。

在一个案例中，一个男孩杀死了老师。通过研究这一案例，我们可以在这个男孩身上发现我们刚才讨论的所有性格特征。这个男孩是在一位女家庭教师的监护下长大的，这位女教师认为自己对心理生活中所有重要的表达方式和功能都了如指掌；她对男孩的照顾细心周到，但在教养过程中过于紧张。开始时男孩壮志满怀，雄心勃勃，但后来却一事无成——也就是说，他的努力和奋斗只给他带来了沮丧，因此，男孩对自己完全丧失了信心。生活和学校都没有满足他的期望，他转而开始做违法的事情。由于违反法律，他离开了学校，不再受老师和儿童教育专家的管控，而我们的社会还没有机构将犯罪，特别是青少年犯罪当成教育问题，即矫正心理错误的问题。

熟知教育学的人都知道一个奇怪的现象：教师、牧师、医生和律师家庭的孩子经常很不听话。不仅仅是没有太多专业知识的教育者家庭会出现这种情况，很多提出重要观点和理论的教育专家的家庭也同样如此。尽管他们是专业方面的权威，但他们似乎没有办法使自己的家庭风平浪静、井然有序。这种现象产生的原因是这些家庭忽略或没有理解某些重要的观点。例如，最常见的问题之一是作为教育者的父亲或母亲被假定为权威，他或她总是试图在家里严格地实施各种规则和规定，因而对孩子造成了严重的压迫。这种做法也对孩子的独立性造成了一定的损害，事实上，孩子的独立性经常被完全剥夺。这种压迫，连同打他们的棍子，深植于他们的记忆深处，似乎激起了孩子报复的欲望，以反抗父母的压迫。另外，有意识的教育导致他们的观察特别敏锐（sharpened）。在大多时候，这种敏锐的观察能力是非常有利的，但用在自己孩子身上经常会导致孩子总想成为人们注意的中心和关注的焦点。他们把自己当成展示的样品，认为其他人应该为他们负责、决策。同时，他们也认为这些人有责任扫除一切障碍，而他们自己不承担任何责任。

第 四 章

引导追求卓越的努力

前面我们说到，所有的儿童会努力追求卓越。父母或教育者必须做的是把这种努力引入有意义的、富有成效的活动中，确保这种努力有利于促进儿童精神的健康和快乐，而不是引发神经症和各种疾病。

　　怎么做到这一点？为追求卓越而作出的努力有些是有意义的，有些没有任何意义，那么区分两者的基础是什么？答案是社会兴趣（interest in the community）。很难想象，人们取得的成就、曾经做过的任何值得做的事情和社会没有任何关系！回忆那些我们认为高贵、崇高、宝贵的伟大行为就会发现，这些行为不但对行为者本人有价值，对于整个社会也是有价值的。因此，对儿童的教育应该使他们具有社会情感或对团体的认同感和归属感（a sense of solidarity with the community）。

　　不了解社会情感的儿童就会成为问题儿童。其实只是他们追求卓越的努力没有被激发出来而已。

　　确实，对于什么才是对社会有意义的，人们持有不同的观点。但有一件事情是肯定的：我们能根据果实来判断一棵树。任何特定的行为对社会是否有意义都可以根据行为结果来判断。这意味着我们必须考虑时间和效果的关系。最终所有的行为都要经过现实的检验，现实对行为的检验将会显示行为是否与社会总体的需求相关。这是所有事情普遍的结构，是价值的判断标准，与这一标准相左还是一致迟早都会水落石出。况且，幸运的是，在日常生活情境中，我们通常无须使用复杂的判断技能。至于社会运动、政治趋势等，由于我们不能马上预见其后果，因而存在一定的争议。但是，即使在这些领域，在民族和个体的生活里，行为的效果最终都会表明某一行为是否有意义，是否真实。因为从科学的观点来看，我们不可能把任何事情都当成好的或有用的，除非它是绝对真理，是生活的意义所在，而生活的意义受制于宇宙、地球及人与人之间的相互关系。这些客观条件和人类共性就像数学问题，尽管我们不能总是解决这些问题，但答案就在其自身之中。只有依据问题的相关资料进行检验，我们才能确定解决问题的方法正确与否。遗憾的是，有时候检验解决方法的时机姗姗来迟，以致我们没有机会纠正这些错误。

那些不能从逻辑的、客观的视角来看待自己生活的人，在很大程度上也不能看到他们行为方式的连贯性和一致性。当有问题出现的时候，他们往往惊慌失措，不知如何处理，只是将问题归咎于自己选错了道路。对于儿童来说，当偏离正常的轨道时，他们没有能力从这些负面的经验中吸取积极的教训，原因很简单，他们不理解问题的意义。因此，我们很有必要教孩子如何看待生活——生活不是一系列毫无关联的事件，生活中所有的事件都是相互渗透、相互影响的，有一条连续的线索贯穿其中。每一件正在发生的事情都不能单独从个体整体的生活背景中抽离出来，都必须与之前发生的事情联系起来。如果孩子懂得了这一点，他们就能理解自己为什么会误入歧途。

追求卓越的方向有正确和错误之分，在进一步讨论两者的差别之前，我们可以先看一种表面上与我们的一般理论相悖的行为——懒惰。从表面上看，这一类行为与所有儿童都天生具有追求卓越的动力这一理论相矛盾。实际上，这是因为懒惰的儿童受到了太多斥责和批评，因而丧失了追求卓越的动力，不再雄心勃勃。但如果我们仔细研究懒惰的孩子，就会发现一般的观点都是错误的。懒惰的孩子也具有一些优势。例如，他不用承担别人对他的期望；他没有取得很大的成就时会被谅解；他不努力，因此装出不在乎、懒惰的态度。但是，懒惰经常能使他处于关注的中心，因为父母发现他们必须关注这个孩子。如果我们知道有多少孩子不惜一切代价来获得关注，就会明白为什么孩子会想出以懒惰的方式来获得他人的关注。

然而，这还不是懒惰完整的心理学解释。有许多儿童利用懒惰来使自己的处境不那么艰难。这些儿童表面上的无能和没有取得成就往往被归因于他们的懒惰。人们很少责备他们的无能，相反，家人总是对他们说："如果他不懒的话，有什么事做不成呢？"而儿童也满足于这一说法，认为只要他们不懒，就可以做成任何事情。这对于没有自信的儿童来说是一种安慰。这是一种成功的替代，不但儿童如此，成人亦然。这种虚构的句式——"如果我不懒，我什么事情做不成呢？"使他们摆脱了失败的感觉。当这些儿童真的做了点什么事情的时候，即使是很小的事情在他们的眼里也会显得特别有意义、特别重要。这一小小的成就与他之前一直一事无成形成了鲜明的对比。结果，他会得到成人的表扬，而其他一直很努力的孩子即使取得了更大的成就也未必能得到成人的认可。

因此，现在我们知道，懒惰其实是一种隐性的、未被完全意识到的策略。懒惰的儿童就像走钢丝的人在钢丝下加了一个网，当他们摔下来的时候，也是轻轻的，不会太重。懒惰儿童受到的批评比其他儿童受到的批评更温和，对自尊的损伤也更小。因为被认为是懒惰总比被认为是愚蠢要好，也没那么痛苦。总而言之，懒惰就像隔板，隐藏了孩子对自己缺乏信心这一真相，使他们完全不去尝试解决面临的问题。

如果我们考察一下当今的教育方法，就会发现它刚好满足了懒惰儿童的希望。因为儿童受到的批评指责越多，离自己的目标就越近——有人一直在关注他，并且批评不是指向他的能力，这刚好是他想要的。惩罚的作用也差不多。老师想通过惩罚来使儿童改正懒惰的毛病，但结果往往令人失望。最严厉的惩罚也无法将一个懒惰的孩子变成一个勤奋的孩子。

如果懒惰的孩子变得勤奋了，那肯定是情境中发生了某些变化，如孩子取得了某个意外的成功。或者，孩子原本严厉的老师换成了温和的老师，这位老师理解儿童，总是鼓励他，给予了他新的勇气，而不是削减他原本就不多的勇气。有时候，从懒惰到勤奋的转变相当突然和迅速。因此，我们看到有些孩子在上学的第一年显得相当落后，在第二年换了学校之后，由于学校环境的变化，突然变得异常勤奋。

有些儿童不是通过懒惰来逃避有意义的活动，而是通过装病。还有一些孩子在考试期间异常兴奋和激动，因为他们感到自己会因为神经紧张而受到特别的照顾。（可能是因为成人喜欢看到儿童重视考试？）爱哭的孩子也有类似的心理倾向：他们的哭泣和兴奋有可能使他们获得某些特殊照顾。

在这些同类型的儿童中，我们应该特别考虑某些有缺陷的儿童，如说话结巴的儿童。熟知幼儿的人都知道，刚开始学说话的时候，幼儿都会有一点点口吃。我们知道，语言的发展受很多因素的影响，这些因素使语言发展加快或滞后，其中最主要的因素是社会情感的程度。爱好交际、喜欢和人打交道的儿童比回避他人的儿童学说话更快，也更容易。在有些情境中，语言甚至是多余的；如受到过度保护和溺爱的儿童，他们所有的愿望成人都能猜中，在其表达愿望之前就得到了满足（就好像对待聋哑儿童一样）。

如果儿童四五岁前还没有学会说话，父母就会担心他们是聋哑儿童。但父母很快发现，孩子的听力很好，因此不可能是聋哑儿童。而且我们会发现，他们生活的环境是不需要语言的。当儿童不费吹灰之力就可以得到他们想要的东西时，他们说话的欲望就不强，因此，他们学说话就会很晚。语言表明了儿童追求卓越的努力及其发展的趋势。不论是想通过说话带给家庭快乐，还是满足自己的日常需求，为了表现出他们追求卓越的努力，他们都必须说话。当这两种形式的表达都没有可能时，很自然，儿童的语言发展就会受到阻碍。

还有其他一些语言方面的缺陷，如对某些辅音发音困难，像 r、k、s。这些都是可以治愈的，因此，现在那么多成人结巴、咬舌或说话不清是非常令人吃惊的。

大多数孩子都能克服口吃，少部分需要接受治疗。我们通过一个 13 岁儿童的事例来说明治疗的过程。这个男孩从 6 岁开始接受医生的治疗。治疗持续了一年，没有成效。接下来的一年，他没有接受专业治疗。第三年，他在另一位医生那里接受了一年的治疗，也没有成效。第四年，这个男孩没有接受任何治疗，在第五年的前两个月，他被交到一个语言医生手上接受治疗，但这使他的情况更糟。后来，他被送到一家治疗语言缺陷的专门机构。持续两个月的治疗取得了一定效果，但 6 个月后又回到了原点。

之后，他又接受了另一位语言医生为期 8 个月的治疗。这次，他非但没有取得任何明显的进步，反而有一定程度的倒退。另一位医生也进行了尝试，但同样没有成功。在第二年的夏天，他进步了，但在假期快结束的时候又开始结巴。

这些治疗大多包括大声朗读、放慢说话速度、多练习等。我们注意到，有些治疗方法有暂时的效果，但很快又会倒退。虽然男孩小时候曾从二楼摔下，造成脑震荡，但不存在器官缺陷。

男孩的老师教他已有一年，认为他"教养很好，很勤奋，容易脸红，有点容易发脾气"。他还说，法语和地理是男孩感觉最难的科目。在考试的时候，他会异常紧张。老师注意到，他对体操和体育运动很有兴趣，也喜欢工艺作品。男孩在任何一方面都没有表现出领导的天性；他和同学相处融洽，但和弟弟有时候会争吵。他是左利手，一年前他的右脸曾经有点面部肌肉麻痹。

再来看看他的家庭环境。父亲是商人，非常担心儿子的口吃，当他口吃的时候经常严厉地批评他。尽管这样，男孩更怕母亲。他有一位家庭教师，因此，他很少有机会离开家里。他少有自由，也认为妈妈很不公平，因为她偏爱弟弟。

清楚了这些事实之后，我们可以这样来解释这件事情：

男孩容易脸红表明他与人打交道时会紧张。可以说，脸红和他的结巴是相关的。即使他喜欢的一位老师也没能治愈他口吃的毛病，因为口吃已经成为他表达对他人不喜欢的一种固定模式。

我们知道，人的口吃并不是由客观的外部环境引起的，而是由儿童对这一环境的理解方式引起的。他容易发脾气在心理学上具有重要意义。这表明他不是消极、被动的孩子，表明他想得到他人的认可，想超越他人，发脾气往往表明其内心脆弱，不够强大。另一个事实也证明了他这种脆弱的心理——他只和弟弟吵架。由于感觉自己考试可能会失败，可能会不如别人，因此，在考试的时候他会特别紧张。深深的自卑感使他把追求卓越的努力放在了一些无意义的活动上。

因为家里的环境比学校更令人不快，因此，他很乐意去上学。在家里，弟弟总是大家关注的焦点。器官上的受伤或受到惊吓都不可能是他结巴的原因，但其中之一可能使他彻底丧失了勇气。弟弟的出生使他在家里的地位发生了变化，这对他的结巴影响更大。

另外，值得注意的是，8岁前男孩一直有尿床的习惯，尿床是大多数之前受到宠爱或溺爱、后来受到"冷落"的儿童具有的普遍特征。尿床表明，即使晚上睡觉他也在想如何获得妈妈的关注，说明男孩不甘心被忽略。

要治愈男孩的口吃，我们必须鼓励他，教他学会如何独立。我们必须给他分配一些力所能及的任务，让他从完成任务的过程中获得自信。男孩承认，弟弟的到来令他很不开心。但他现在必须明白，嫉妒是怎样使他误入歧途的。

我们还可以有很多关于口吃的伴随症状的讨论。现在，我们来看看儿童激动的时候会发生什么。很多口吃者在愤怒地指责他人的时候一点也不会结巴。年龄大点的口吃者在背诵或恋爱的时候说话一点问题都没有。这些事实表明，他们口吃的关键因素在于与他人的关系。当儿童必须与他人建立关系，或者必须通过语言来表达这种关系的时候，他们就会感到对抗、紧张，因而口吃。

当儿童学说话没有特别的困难的时候，成人对他们的语言发展是不会特别关注的；但当儿童表现出有困难的时候，大家就都会注意到。整个家庭都极度关注这个儿童，结果，儿童自己也会过度关注说话。他开始有意识地控制自己的语言，而一般儿童是不会有意识地控制的。我们知道，有意识地去控制那些原本是自动化的功能会限制这些功能的运转。梅林克（Meyrink）的童话故事《蟾蜍的飞行》里有一个很好的例子。蟾蜍碰到了一种有一千只脚的动物，立即开始赞扬它非凡的力量。蟾蜍问："您能告诉我，您走路的时候是先迈哪只脚，其他九百九十九只脚是按什么顺序来移动的呢？"千足虫开始思考，并观察自己脚的运动，当试图控制脚的运动的时候，它完全糊涂了，一只脚也动不了。

虽然在我们生命的过程中锻炼自己有意识的控制力很重要，但如果试图控制所有的运动却是有百害而无一利的。只有制作艺术品的身体动作达到自动化的水平，我们才有可能创造出艺术品。

尽管口吃的习惯对儿童将来的发展可能造成灾难性的影响，也会在养育儿童的过程中带来明显的不利（家人对他们的同情及特别关注），但还是有很多人宁可找借口，也不愿寻求改善的方法。儿童如此，父母也是如此，他们都对将来丧失了信心。特别是孩子，他们满足于依赖他人，以一种表面不利的因素来维持自己的有利地位。

巴尔扎克的故事很好地说明了这一现象——表面上不利的因素经常会转换为实际上有利的因素。这个故事里，有两个商人，他们都想在交易中得到最大利益。在讨价还价的过程中，其中一个商人开始结巴。不结巴的那个商人吃惊地发现，结巴的商人是在利用结巴为自己作决定赢得更多的时间。他很快找到了应对的办法——突然之间，他就听不见了。这样，结巴的商人就处于不利的地位了。因为他必须大声说话让对方听见，这样就很累。因此，他们之间又平等了。

虽然结巴者有时候利用结巴为自己赢得时间或让别人等待，但我们却不应该像对待罪犯那样对待他们。我们应该鼓励结巴的儿童，温和地对待他们。只有友善地开导他们，慢慢提升他们的勇气，结巴的儿童才可能被成功治愈。

第 五 章

自卑情结

每个个体都努力追求卓越，同时又怀有自卑感。我们努力追求卓越是因为我们感到自卑；我们试图成功超越当前的处境，以克服自卑感。然而，除非追求卓越的途径受阻，或对器官自卑的心理反应超出了可承受的范畴，否则，自卑感就不会成为心理问题。当自卑感成为心理问题时，我们就有了自卑情结，即一种非常态的自卑感，这一方面必然促使我们寻求某种轻而易举就能获得的补偿和某些华而不实的满足感，以获得心理上的轻松和平衡；另一方面，由于夸大了困难和阻碍，因而减少了面对困难的勇气，自卑情结会妨碍人们获取真正的成功。

　　我们再来看看那个有口吃的 13 岁男孩的案例。我们知道，他口吃的部分原因在于对自己丧失了信心，而口吃又使他更加沮丧，这样就会形成神经官能症的恶性循环。男孩想把真实的自己隐藏起来。他已经放弃了自己，甚至可能有过自杀的念头。口吃已经成了他的一种表达方式和持续的生活模式。口吃对他的环境产生了影响，使他受到别人的关注，因而缓解了心理上的不安。

这个男孩给自己设定的目标——实现自身价值，有所成就——在一定程度上是过高的，并且是错误的。他总想做个好孩子，因此他必须表现良好，和别人相处融洽，并能井井有条地完成自己的事情。因为过于看重这些，他觉得自己必须有一个借口或理由，这样，他万一失败了，也可以有一个解释，这个理由就是口吃。这个男孩的案例具有重要的意义，因为他大部分的生活处于良好的、有意义的状态，只是在某一阶段他的判断出现了偏差，勇气也消退了。

当然，当儿童不相信能依靠自己的能力和力量获得成功的时候，他们会有无数的方法来隐藏真实的情况，为自己找好退路，而口吃只是方法之一。这些武器和大自然给予动物的诸如爪子、角之类的武器类似。很明显，这些武器源自儿童的脆弱，如果没有这些外在的武器，面对生活难题时他们会陷入绝望无助的境地，而这些武器的数量也是惊人的。有些孩子除了大小便失控之外想不出别的方法了。不能控制大小便表明他们想停留在婴儿时期，因为在这一时期没有事情是必须完成的，也没有痛苦。这些儿童一般都没有肠道或膀胱等器官方面的问题。他们只是想借助这些事情来唤起父母和教育者的同情，尽管有时候这样做会招来同伴的嘲笑。因此，儿童这样的行为不应该被视为疾病，而是自卑情结的表现，或者表明儿童追求卓越的努力和勇气已经濒临消亡。

我们可以想象结巴是如何从一个很小的生理方面的问题

发展而来的。很长一段时间，男孩都是家里唯一的孩子，母亲全心全意地照顾他。长大以后，他可能发现自己得到的关注不够了，表现的机会也没有了。因此，他就想出新的办法来使自己得到关注。结巴还有更大的意义：他发现与他说话的人都会关注他的嘴巴。这样，通过结巴，他就能保证自己获得家人的一些时间和关注，否则，家人可能就只关注更小的弟弟了。

在学校的情况也是如此。他发现老师关注他的时间很多。结果，由于结巴，他在学校和家里都获得了优越地位。他得到了所有优秀学生才可以获得的关注，这正是他梦寐以求的。当然，他是一个好学生，但不管怎样，事情似乎变得更容易了。

虽然结巴可能使老师对他更宽容，却绝不是上策。因为当男孩没有得到他预想中应该得到的关注时，将比其他人受到更为严重的伤害。事实上，确保自己受到关注是弟弟出生后男孩的心病。他只把母亲当成是家里最重要的人，对其他人采取排斥的态度。因此，他没有像正常儿童那样形成与他人交往的能力。

对这些孩子进行治疗，最先要做的是提升他们的勇气，使他们相信自己的力量和能力。当然，应以同情的态度与他们建立友好的关系，而不是用严厉的措施吓唬他们是非常重要的，但这还不够。我们必须用这种友好的关系鼓励他们持续提升自己。要做到这一点，就必须使他们更独立，用各种方法确保他们相信自己精神和身体方面的能力。我们要使他们相信，只要勤奋、坚持、实践和勇敢，他们就能轻而易举地获得他们希望获得的一切。

对于那些已经误入歧途的孩子，最可怕的错误是父母和教育者预言孩子不会有什么好的结果。毫无疑问，这种愚蠢的预言会使情况更糟，因为这使孩子更加懦弱和胆怯。我们应该说的恰恰是相反的话，应该乐观地鼓励孩子。就如诗人维吉尔（Virgil）[①] 所说："他们能做到，因为他们相信自己能做到。"

虽然有些孩子因为害怕被嘲笑似乎会改变其不良行为，但认为通过羞辱或贬低儿童能真正改善他们的行为简直是无稽之谈。通过下面的例子我们就能知道这种方法有多么不合适。有一个男孩因为不会游泳总是被朋友取笑。最后，他终于无法再忍受这种嘲笑，从跳水板上跳入了深水区。人们花了九牛二虎之力才把他从水里救出来。有时候，懦弱胆小的人会为了岌岌可危的名誉而采取行动来消除自己的懦弱，但这些行为往往是不恰当的极端行为，通常是以怯懦的、无意义的方式，正好证明了他原初的懦弱，就如我们在刚才的例子里所看到的。男孩真正懦弱的地方是他不敢承认自己不会游泳，因为他担心那样

---

① 译者注：维吉尔（公元前70—公元前19），奥古斯都时代的古罗马诗人。作品有《牧歌》（Eclogues）、《农事诗》（Georgics）、史诗《埃涅阿斯纪》（The Aeneid）等。

做会失去朋友。在绝望中跳入深水区并不能治愈他的懦弱，反而会强化他不敢面对事实的懦弱习性。

懦弱这一性格特征总是会破坏人际关系。总是担心自己而无暇顾及他人的儿童会牺牲同伴的利益来获取自己的声誉。因此，虽然懦弱的人根本做不到不在乎别人的看法，但伴随懦弱而来的个人主义的、好斗的态度会使他们摒弃社会情感。懦弱的人总是害怕遭到别人嘲笑，害怕被忽略或贬低。因此，他总是受他人观点的控制和摆布。他就像一个住在敌对国家的人，形成了多疑、嫉妒、自私的性格特征。

这类懦弱的儿童经常会变成挑剔、抱怨的人，不愿表扬别人，当别人受到表扬的时候会产生怨恨之心。因此，当一个人想通过贬低别人而非提升自己来超越别人时，就表明这个人是懦弱的。意识到了这些症状，教育者的教学任务是消除儿童对他人的敌意。我们当然可以原谅那些还没有意识到这一点的教育者，但是他们可能永远也找不到纠正这些不良性格特征的方法。当我们知道问题的关键在于让儿童与世界、生活达成和解，明白自己的错误之处在于他想获得好的声誉，但却不想付出努力，我们也就知道应该如何教育这些儿童了。我们应该强化儿童之间应有的友好关系；教育儿童不要因为别人分数低或做错了事而看不起别人。否则，教育者就会增强儿童的自卑情结，使他们丧失勇气。

当儿童对未来丧失希望时，他们就会逃离现实世界，转而在一些无意义的活动中努力获得一种虚无的补偿。教育者最重要的任务，甚至可以说其神圣职责，是保证所有的儿童在学校都不会丧失信心，并且让那些在入学之前已经灰心丧气的儿童能在学校和老师的帮助下重拾信心。这和教育者的使命是齐头并进的，因为除非儿童对未来充满希望和喜悦，否则任何教育都不可能进行。

有些儿童的沮丧只是暂时的，特别是那些雄心勃勃的孩子，这些孩子虽然一直在进步，但有时会丧失希望，因为他们已经通过了最后一次学校考试，必须开始选择工作。也有一些雄心勃勃的孩子经常会因为没有在考试中取得优等成绩而暂时丧失斗志。潜意识中积蓄已久的冲突和矛盾会突然爆发出来。这些儿童可能会陷入完全的混乱之中，或者出现焦虑神经症。如果不及时干预儿童的沮丧心理，他们今后做事将会虎头蛇尾。长大之后，他们会频繁更换工作，不相信自己会得到任何好的结果，总是担心失败。

因此，儿童的自我评价极为重要。然而，我们不可能通过询问儿童来获取他们的自我评价。无论如何巧妙地问他们，我们得到的答案都是不确定的、不可靠的。有些孩子会说他们对自己相当满意，还有一些孩子则认为自己一文不值。对后一种情况的研究经常显示，这些儿童身边的成年人曾无数次对他们说"你一无是处"，或者"你很愚蠢"。

几乎没有儿童能在听到这么严厉、尖刻的指责后不受伤害。然而，有一些孩子会通过低估自己的能力来保护自我。

虽然询问不能获得儿童的自我评价，但我们可以通过观察他们处理问题的方式获得一些信息。例如，他是以自信、坚决的方式勇往直前，还是表现得优柔寡断、踟蹰不前——这是绝大多数没有信心的儿童经常有的一些行为。我们可以通过一个例子来说明这种情况。一个孩子，刚开始的时候表现得勇往直前，但越接近完成任务，他就越迟疑和踟蹰，最后会在离完成任务还有一定距离的时候完全停下来。这些孩子有时候被认为是懒惰，有时候被认为是心不在焉。对他们的描述可能不一样，但结果却是一样的。这些儿童不像我们期待的那样，如正常儿童一样处理问题，而是忙于排除各种障碍。有时候他们甚至使成人错误地认为他们能力不够。当我们用个体心理学的原则从总体上来看这个问题时就会发现，问题的关键是他们缺乏信心，或者说他们低估了自己的能力。

一个完全只考虑自己的个体是社会中的异类，这也是追求卓越的错误方向之一。我们经常看到，有些孩子因为追求卓越的心理过于强烈，完全不考虑他人。他们极不友善，经常违反法律，而且贪婪、自私。当他们发现了秘密的时候，总是会用这些秘密来伤害其他人。

但在这些"劣迹累累"的儿童身上我们发现了一个明显的人格特征：他们都有某种程度的人群归属感。虽然他们的生活方式中越没有合作的概念，就越难以获得社会情感，但是他们的自我与周围世界的关系总是以或隐讳或明白的方式表达出来。我们必须寻找那些能显露儿童隐藏的自卑感的表达方式。这些表达方式不计其数，最常见的是儿童的眼神。眼睛不仅仅是吸收并传导光线的器官，也是社会交流的器官。一个人看别人的方式表明了他与其他人发生联系的意愿。这也是为什么那么多心理学家和作家都强调眼神的重要性。我们都是通过别人看我们的方式来判断其对我们的看法的，也是通过别人的眼神来了解其心灵的。虽然有可能犯错或产生误解，但我们还是能轻而易举地在某种程度上通过眼神来判断儿童是否友好。

我们都知道，不敢与成人对视的儿童更让人怀疑。这些儿童不一定是问心有愧或有不良的行为习惯。这种眼神的游离可能只是表明他们试图避免与他人接触，哪怕只是短暂的接触，这说明他们想逃离同伴的社会群体。当我们招呼小孩过来时，他们靠近我们的距离也可以表明他们与社会接触的意愿。很多孩子都会保持一定的距离，他们会先弄明白状况，很有必要的时候才会靠近人。这些儿童对与人的亲密接触持怀疑态度，因为他们曾经在与别人近距离的接触中有糟糕的体验，从中总结出了一些片面的经验，并错误地用于人际交往中。观察儿童喜欢靠着谁——妈妈还是老师——也是非常有趣的事情。他更愿意靠近的那个人比他嘴里说最爱的那个人要重要得多。

有些孩子走路时抬头挺胸，说话时声音坚定、毫不胆怯，从中可以看出他们非常自信、勇敢。有些孩子一跟别人讲话就紧张、害怕，立马就显示出了他们的自卑感，以及不能应对局面的恐惧感。

在调查自卑情结的时候，我们发现很多人相信自卑是天生的。反对自卑天生论的人却认为，无论多勇敢的孩子都可能变得胆小怯懦。父母都胆小的儿童很有可能也很胆小，但不是因为他天生胆小，而是因为他一直处于一种充满害怕和恐惧的氛围中。在儿童成长过程中，家庭氛围和父母的性格特征是最重要的。在学校不善交际的儿童更有可能来自那些没有多少人际交往的家庭。在这种情况下，我们很容易认为这些特征是遗传的，但这一理论已经被推翻。大脑或其他器官生理结构的变化并不能使人丧失交往能力。然而，有些事实虽然不能使孩子形成不愿与人交往的态度，但却能较好地解释这种性格的出现。

有关儿童器官缺陷的例子能以最简单的方式使我们从理论上明白这一点。这些儿童生病时间长，因为病痛和虚弱而倍感生活的烦恼和压抑。这些儿童非常关注自我，认为外部世界充满艰辛和敌意。这种情况下还有一个不利因素会起作用。虚弱的儿童必须找到一个能使他生活得更舒适、轻松的人，这个人会全心全意地关心他；这种全心全意的奉献和保护的态度使儿童形成了强烈的自卑感。由于儿童和成人在体格和力量方面都存在差距，因此，所有儿童都有一定程度的自卑感。而这种"低人一等"的感觉在"大人讲话，小孩不要插嘴"的情况下（这种情况并不罕见）很容易被强化。

所有这些印象使儿童更加确信自己处于不利的地位。而儿童不甘心自己比别人渺小和虚弱。儿童越认为自己渺小和虚弱，就会越努力使自己变得强大。还有一个因素也会促使儿童努力获得他人的认可——他不是努力安排自己的生活，使其与周围人的生活协调一致，而是创造出一种新的模式，即"只考虑自己"。这也是一类不爱与人交往的儿童的表现。

可以说，大多数虚弱、残疾、丑陋的儿童都有强烈的自卑感，这一自卑感通常以两种极端的方式表达出来。他们要么胆怯羞涩，跟人说话的时候畏缩、退却；要么咄咄逼人。这两种行为方式看起来毫不相干，但可能源于同一原因。在努力获得认同的过程中，这些儿童要么说得太少，要么说得太多，从而暴露了其自卑的内心。他们的社会情感都是无效的，要么因为他们对生活没有期望，并认为自己无法给予别人任何东西；要么因为他们把社会情感作为达到个人目的的手段。他们总想成为领导者，想一直处于关注的中心。

如果儿童错误的行为模式已经持续了很多年，一次简单的谈话是不可能改变这一行为模式的，因此，教育者必须有耐心。当儿童在努力提升自己的过程中偶尔遭遇失败时，教育者应该告诉他们，努力提升的结果可能没有那么快显现出来。这会使儿童平静下来，不会灰心丧气。如果一个孩子在数学方面表现欠佳已有两年之久，我们不可能期待他在两周之内弥补所有的不足，但无可争议的是，他肯定可以赶上来。正常的儿童，即没有丧失信心的儿童，能弥补任何事情。我们一次又一次地看到，儿童的能力不足是因为沿着错误的方向发展，形成了怪异的、笨拙的、粗鲁的整体人格。只要他们智力正常，我们就有可能帮助那些有行为问题的儿童。

无能或表面上的愚蠢、笨拙、冷漠都不能充分证明儿童是弱智。弱智的儿童总有大脑发育方面的问题。这些生理缺陷一般是由腺体引起的大脑发育不良。有时候，随着时间的流逝，生理缺陷会消失，留下的只是生理缺陷导致的心理痕迹。也就是说，一个原本身体虚弱的儿童在其身体变强壮之后会继续原来的行为模式，仿佛其身体还是很虚弱。

我们甚至应该走得更远。不仅器官缺陷和身体虚弱可能导致心理上的自卑和以自我为中心的态度，与器官缺陷完全无关的条件也可能导致这一状况的发生。如错误的养育方式，或养育者非常严厉、缺乏爱。在这些情况下，生活对于孩子来说就只是苦难，孩子对周围环境会形成敌对的态度。即使和器官缺陷带来的心理影响不一样，其效果也是非常相似的。

不可避免的是，要治疗这些在缺乏爱的环境中长大的孩子非常困难。他们会把我们等同于那些伤害他们的人；鼓励他们上学在他们看来就是压迫他们。他们总觉得自己受到约束，因此，只要有可能，总想尽力反抗。因为他们嫉妒同伴有更幸福的童年，因此，他们无法以正确的态度对待同伴。

这些饱受痛苦的儿童经常成为喜欢破坏别人生活的人。他们没有足够的勇气克服环境带来的伤害，因此，他们试图通过压制更弱小的人或通过表面的友好使自己优于别人，以弥补力量的缺失。然而，这种对他人的友好往往只能持续到别人愿意为其所主宰为止。很多孩子甚至只和比自己境遇更差的人交朋友，就如有些成人特别喜欢那些受苦受难的人一样。或者，他们会偏爱更年幼、更贫穷的儿童。有时候男孩会特别喜欢温柔、顺从的女孩，而这和性吸引没有关系。

第 六 章

儿童的发展：
预防自卑情结

如果儿童学走路的时间特别长，但一旦学会就能正常走路，那么他不会因此产生自卑情结。但是，我们知道，自由活动受限会对一个其他方面都正常的儿童的精神发展造成重大影响。他会感觉环境不那么友好、愉悦，很可能导致其形成悲观的态度，这一态度又可能支配其将来的行为模式，即使最初的生理方面的缺陷已经消失了也是如此。很多曾经得过佝偻病的儿童在疾病治愈之后还是留有佝偻病的痕迹，如O型腿、行动笨拙、肺积水、头部畸形（如方颅）、脊柱弯曲、脚踝肿大、关节无力、姿势不正确等。疾病期间形成的挫败感会对儿童心理造成长远的影响，使他们在将来的人生中持悲观态度。这些儿童看到同伴做事是如此轻而易举，就会被自卑感所压抑。他们会低估自己的能力，要么完全丧失信心，几乎不去尝试采取行动使自己进步；要么被令人绝望的困境所激励，不顾自己身体的缺陷去追赶正常的同伴。很明显，儿童还没有足够的能力对其所处的情境作出正确的判断。

　　值得注意的是，决定儿童发展的既不是天生的能力，也不是客观的环境，而是儿童对外部现实及其与自身关系的理解。儿童天生的潜能并不是最重要的，成人对儿童状况的判断和评价也微不足道，最关键的是，我们要以儿童的眼光来看待其处境，并以儿童错误的判断为基础来解释这一状况。我们绝不能假设儿童的行为都是符合逻辑的，也就是说，是根据成人的常识来行动的。但我们必须承认，儿童对自身状态的理解有时是错误的。确实，我们不应该忘记的是，如果儿童不犯错，那儿童教育就没有存在的必要。如果儿童所犯的错误是天生的，那我们也不可能教育或提升儿童。因此，那些相信内在性格特征的人不可能也不应该从事儿童教育。

儿童身体健康并不能保证其精神一定是健康的。一方面，如果儿童有足够的勇气面对自己的生理缺陷，他们的精神也可能获得正常发展。另一方面，即使儿童身体健康，但由于环境的不利影响，使其对自身能力形成了错误的理解，其精神发展也可能不正常。无法完成某项任务经常导致儿童认为自己是无能的，因为这样的儿童对困难特别敏感，每一个困难都使他们更加确信自己的无能。

一些肢体运动有障碍的儿童在学说话方面也存在困难。通常来说，学说话和学走路是同步的。当然，这两者并没有实质性的关联，而是由儿童的养育方式及家庭环境造成的。有些儿童其他方面正常，但不能说话，是因为家庭没有给予其必要的帮助。但是，很明显，任何听力正常、发声器官正常的儿童都会在早期学说话。在有些情况下，特别是当有些儿童非常擅长视觉感知时，学说话可能会延后。但在另外一些情况下却是由于父母溺爱儿童，代替他们说出了所有想说的话，而没有让儿童尝试自己去表达。这些儿童学说话特别晚，有时我们会误以为他们听力有问题。当他们终于学会说话之后，他们说话的欲望会特别强烈，很多甚至后来成了演说家。著名作曲家舒曼的妻子克拉拉（Klara Schumann）直到 4 岁才开始学说话，8 岁的时候还只能说少量的词汇。她是一个特别的孩子，非常沉默，喜欢在厨房溜达。由此我们也可以推断，她很少受到打扰。她父亲说："奇怪的是，这种明显的精神障碍是她之后极其和谐的生命的开端。"这是一个过度补偿的例子。

对那些在特殊学校接受教育的聋哑儿童我们也要特别谨慎，因为越来越多的事实证明，听力完全丧失的情况是非常罕见的。不论儿童的听力有多微弱，我们都应该将其发展到最好。罗斯托克（Rostock）大学的卡茨（Katz）教授证明，他能将那些被认为是没有音乐能力的儿童训练到能充分欣赏音乐和声音之美。

有时候，儿童在其他各科都表现优秀，但有一门课程（通常是数学）却表现极差，便会因此开始怀疑自己愚蠢。数学成绩差的儿童很有可能在某一段时间内会对数学产生恐惧情绪，彻底丧失信心，不会采取任何行动来补救。有些家庭（有些是艺术家的家庭）以不擅长数学为骄傲。另外，通常认为，数学对于女孩比对于男孩来说更难。但这一普遍流行的观点却是错误的。有很多女性是很优秀的数学家和统计学专家。女生经常听到人们说"男生的数学比女生好"，这种言论会使女生对数学灰心丧气。

儿童能否使用数字是重要的迹象。数学是少数几个能给予人安全感的知识领域之一。数学是观念的运算，通过数字，数学使周围环境中混乱的因素变得井井有条。具有强烈不安全感的人通常数学都不好。

这种情况也适用于其他科目。写作能给人以安全感，因为写作是声音的文字表现形式，只有具有内在知觉的人才会喜欢写作。绘画使转瞬即逝的光影印象变成永恒。体操和舞蹈通过对身体的自由控制而使人获得生理上的安全感，特别是，还会使人获得一些精神上的安全感。这可能就是为什么那么多教育者认为体育在教育中具有重要意义。

儿童很难学会游泳是自卑感明显的表现。如果儿童能轻而易举地学会游泳，表明其也能克服其他困难。儿童很难学会游泳说明其对自己没有信心，对教练没有信心。值得注意的是，很多儿童开始学游泳的时候感觉很困难，但后来却成了游泳健将。这些儿童对原初的困难很敏感，但被一个完美的最终目标所激励，因而经常能成为游泳冠军。

问题1是了解儿童是特别依恋一个人还是对多人感兴趣非常重要。一般来说，儿童会特别依恋母亲；或者，如果没法依恋母亲，就会依恋另一个家庭成员。除了低能儿和智力有问题的儿童，其他所有的儿童都会表现出这种依恋倾向。如果儿童是由母亲抚养的，却依恋其他人，就必须找出其中的原因。很明显，所有儿童都不应该只依恋和关注母亲，因为母亲最重要的职责是使儿童有兴趣、有信心和同伴玩耍。祖父母在儿童的发展中也扮演着重要的角色，通常是溺爱的角色。其原因在于老年人总担心自己不再有用，从而产生过分的自卑感。结果，他们要么絮絮叨叨，批评这批评那；要么仁慈无比，宽厚祥和。为了显示自己的重要性，他们对儿童有求必应。由于在祖父母家得到了各种宠爱，可以为所欲为，儿童会拒绝回自己家，因为家里有更多的纪律和约束。回到家后，他们会抱怨家里不如祖父母家好。我们这里提及祖父母在儿童生活中作用的目的是使教育者在研究某一特殊儿童的行为方式时不会忽略这一重要事实。

问题 2 是由佝偻病导致的动作笨拙及在长时间内没有进步一般意味着儿童得到了太多的关注和照顾，因此被宠坏了。即使儿童生病了，需要特别的关注，明智的母亲也不应该抹杀其独立性。

问题 3 是儿童是否惹了很多麻烦，这是很重要的一个问题。如果事实是儿童经常惹麻烦，我们就可以肯定妈妈和孩子的关系太亲密了。妈妈没有成功地培养儿童的独立性。儿童一般最爱在以下情况中惹麻烦：准备睡觉或起床的时候，吃饭、洗漱的时候，做噩梦的时候，或者尿床的时候。所有这些症状都表明其想获得某个人的关注。这些症状会一个接一个地出现，就好像儿童在争取大人关注的过程中发现了一个又一个武器。可以肯定的是，当儿童表现出这些症状的时候，他们的处境肯定是很差的。在这种情况下，惩罚是于事无补的，况且，为了证明惩罚是无效的，儿童经常挑衅父母，让父母惩罚他们。

有一个特别重要的问题涉及儿童的智力发展。有时候很难判断儿童的智力，因此，有人建议去进行比奈（Binet）测试；但是，这一测试的结果并不总是可靠的。事实上，所有的智力测试结果都不是必然可靠的，因此，不应该将其作为儿童整体生活恒定的影响因素。一般来说，智力的发展在很大程度上受家庭环境的影响。好的家庭环境能给予儿童更多的帮助，身体发育良好的儿童一般而言精神发展也较好。不幸的是，那些精神发展良好的儿童一般被预设得到"有品质的工作"或较好的工作，而那些发育缓慢的儿童则被指派去做卑微的工作。我们观察到，在很多国家新引入的、为弱智儿童特别设置的班级系统中，大多数儿童都来自贫困家庭。我们的结论是：如果这些儿童所处的环境更好，毫无疑问他们是可以与现在这些幸运地生活在富裕家庭的儿童竞争的。

研究的另一个重点是儿童是否曾经是别人嘲笑的对象或因别人的戏弄而沮丧万分。有些儿童能承受这样的挫折，有些则会因此而丧失勇气，从此逃避具有一定难度的、有意义的事情，转而关注外在的东西，这表明他们已经对自己丧失了信心。如果儿童经常与别人争吵，害怕如果自己不主动出击的话就会被别人攻击，表明其处于一种敌对的环境中。这些儿童桀骜不驯，认为顺从就是投降。别人和他们打招呼，他们总是粗鲁地回应，并认为礼貌是降低自己身份的表现。他们从不抱怨，因为他们把别人的同情当成对自己的羞辱。他们在他人面前从不哭泣，甚至有时候在应该哭的时候大笑不止，似乎感觉不到痛苦和悲伤，但其实他们只是在隐藏自己的脆弱。所有粗暴行为的背后都隐藏着脆弱，真正强大的人是不会有粗暴行为的。这些不听话的儿童经常很脏，粗心大意，喜欢咬指甲、挖鼻孔，而且非常固执。我们应该鼓励他们，并且让他们明白，他们的这些行为只是表明了他们害怕别人知道自己是懦弱的人。

问题 4 是儿童是否容易与人交朋友或对人是否友好，是领导者还是跟随者，都与其交往能力相关，也就是说，与其社会情感或挫折感的程度相关，也与其遵从或统治的欲望相关。如果儿童将自己与他人隔绝开来，这表明其自信心不够强大，不敢与别人竞争。他们对优越感的追求如此强烈，因此他们很害怕在比较中自己低人一等。如果儿童喜欢收集物品，这说明他们想使自己变得强大，并超越别人。这种收集的习惯是比较危险的，因为它很容易过火，使儿童野心膨胀，甚至变得贪婪，野心和贪婪通常是那些感觉虚弱的人为自己寻找的支撑点。这些儿童感觉自己受到忽略或忽视，在他们眼里关注是最重要的，因此他们很容易产生偷窃行为。

问题 5 与儿童对学校的态度相关。我们要关注儿童上学是否迟到，对上学是否感到兴奋（兴奋一般说明他愿意上学）。儿童面对一定情境时的恐惧和害怕有多种表现形式。如做作业时焦躁、易怒；他们拼命学习，使自己进入紧张状态，甚至出现类似心悸的症状。某些特定的表现方式可能导致生理器官的改变，如性冲动。针对儿童的评分系统是存在缺陷的。如果我们不是以分数为标准对儿童进行分类的话，他们的负担会轻很多。学校变成了测验或考试的代名词，好的分数成为儿童必然追求的目标，而差分数就如判官一样长期宣判了儿童的无能。

儿童是自愿做作业，还是被迫做作业？儿童忘记做作业说明其有逃避责任的趋势。因为儿童想做别的事情，所以有时候他们会以糟糕的作业及对作业的不耐烦来逃避上学。

儿童懒惰吗？当儿童在学校成绩不如意时，他们更愿意相信是因为自己懒惰，而不是无能。如果一个一向懒惰的孩子很好地完成了一项任务，他必然会受到表扬，会听到人们这样说："如果他不那么懒，他一定很有出息。"孩子对这一说法很是满意，因为他相信不用再证明自己的能力了。这种情况也适用于以下情况的儿童：缺乏勇气的懒惰儿童、不能专注的儿童、习惯于依赖别人的儿童，以及经常通过在课堂上捣乱来获得关注的被宠坏的儿童。

儿童是如何看待老师的？这一问题很难回答。儿童经常会将对老师的真实感情和态度隐藏起来。如果儿童总是批评、羞辱同学，我们就可能认为他们具有贬低别人的倾向，表明他们不够自信。这些儿童通常狂妄自大，牢骚满腹，总是显得比别人博学。这些态度掩盖了其自身的软弱。

更难处理的是那些冷漠、对什么都无动于衷、消极的孩子。他们也是戴着面具的，因为他们并不像他们所表现出来的那样冷漠和无情。当这些儿童被逼得走投无路的时候，他们要么怒不可遏、暴跳如雷，要么企图自杀。除非被命令，否则他们是不会有任何行动的。他们非常害怕失败，对别人过于在意。他们需要勇气。

在体育方面争强好胜的儿童一般来说在其他方面也有雄心壮志，只是他们担心失败。如果一个儿童的阅读量比同样年纪的儿童大很多，一般表明他缺乏足够的勇气，希望通过阅读来获得力量。这些儿童具有丰富的想象力，但面对现实时往往胆小懦弱。我们也应该关注儿童偏爱什么书：是小说、童话故事、游记，还是真实的、科学的作品。青春期的孩子一般喜欢情色书籍。日益增强的性冲动和渴望体验性生活使他们的关注点都在这一方面。下面这些方法可以用来消除这些不良影响：让他们对伙伴这一角色有所准备，在很早的时候就明确性别角色，与父母建立友好关系。

问题 6 与家庭状况相关。家里人是否患有疾病，如慢性酒精中毒、精神病、肺结核、梅毒、癫痫等。了解儿童整体健康状况的历史也很重要。由于扁桃体增大，有些儿童不能如正常人一样用鼻子呼吸，而是用嘴呼吸，因而经常显得很愚蠢。这种情况最重要的是通过手术矫正，有时候儿童相信手术能帮助他们，这使得他们在返回学校的时候更有勇气面对学校生活。

家庭成员的不健康状态经常会影响儿童的进步。父母长期生病会让孩子背上沉重的包袱。焦虑的精神失调压迫着整个家庭。只要有可能，儿童就不应该知道家庭成员在经受精神病的折磨。精神病会使整个家庭蒙上阴影，因为人们担心精神病会遗传，肺结核和癌症的情况也是如此。所有这些疾病都会给儿童留下可怕的印象，因此，有时把儿童带离这样的家庭氛围是更为明智的做法。慢性酒精中毒或犯罪倾向如毒药一般在家庭里阴魂不散，儿童很难抵制。然而，如何安置从这些家庭出来的儿童是一大难题。癫痫患者通常焦躁易怒，会破坏家庭生活的和谐，但更麻烦的是梅毒。父母感染梅毒的孩子通常非常虚弱，他们由于遗传而感染梅毒，觉得生存举步维艰。

不可忽视的是，家庭的物质条件会影响儿童对生活的观念。与家境好的儿童相比，贫穷使儿童具有更多的不满足感。如果家庭经济出现问题，中等家庭的儿童在失去了习以为常的舒适环境后会发觉很难适应。如果祖父母经济状况比父母好的话情况会更糟，就如彼得·根特（Peter Ghent）的案例所展示的那样，他总认为祖父母无所不能，而他父亲则一事无成。作为反抗，懒惰的父亲通常会有勤奋的儿子。

如果儿童毫无准备，他们第一次面对死亡的经历经常会影响整个人生。对死亡没有概念的儿童突然面对死亡时，第一次意识到生命是会结束的。这可能使儿童完全丧失信心，或至少使其胆小懦弱。通过阅读医生的自传，我们经常发现他们成为医生的原因是曾经突然面对死亡，说明意识到死亡对儿童有深刻的影响。我们不建议让儿童背上这个包袱，因为他们还不能完全理解死亡。孤儿及继子女经常把自己的不快乐归因于父母的早亡。

了解谁是一家之主非常重要。一般来说，一家之主都是父亲。如果是母亲或继母当家做主，会有异常的结果，父亲通常会失去孩子的尊敬。如果母亲强势，她的儿子通常会在一定程度上对女性有恐惧情绪，而且很难摆脱。这些男人要么对女人退避三舍，要么让家里的女人生活得不快乐。

我们还需要进一步了解对儿童的教养是严格的还是温和的。个体心理学认为，教养儿童不是必然要使用严格或温和的方法，最重要的是理解儿童，避免犯错，并不断鼓励他们面对问题、解决问题，发展其社会情感。父母指责儿童会对他们造成伤害，因为这会使他们完全丧失信心。溺爱儿童会使儿童严重依赖别人，总是依恋某一个人。父母既不应该过于乐观地讲述现实，也不应过于悲观地描述现状。父母的职责在于使儿童尽量做好生活的准备，使他们能自食其力。没有学会如何克服困难的儿童会逃避所有困难，这使得他们的活动范围越来越狭窄。

了解由谁来照管儿童很重要。母亲不必时时刻刻和孩子在一起，但她必须了解照顾孩子的人。教育儿童最好的方法是使他们通过推理从经验中学习，这样，引导儿童行为的就不是别人强加给他们的限制，而是对事实的推理。

问题 7 有关儿童在家庭中的位置，最能说明儿童的性格。独生子女的情况比较特殊。另外，家里最小的孩子、一群女孩中的男孩和一群男孩中的女孩都比较特殊。

问题 8 有关职业选择。这一问题非常重要，因为它表明了环境的影响与儿童的勇气、社会情感及生命的节奏。白日梦（问题 9）是有意义的，童年回忆（问题 10）也是如此。善于解读童年回忆的人能从中发现人整个的生活方式。梦（问题 11）也表明了儿童发展的方向，表明其是尝试解决问题还是回避问题。了解儿童是否有语言缺陷（问题 12）非常重要；另外，还要了解其是丑陋还是漂亮，身材是否标准（问题 13）。

问题 14 是儿童是否会公开讨论自己的情况。有些儿童用吹牛来消除自卑感。另一些儿童则拒绝说话，担心自己被利用，或者担心自己暴露弱点，招致新的伤害。

问题 15 是如果儿童在某一科目上表现得非常突出，如绘画或音乐，我们就必须以此为基础鼓励其提升其他科目。

　　如果一个孩子在 15 岁时还不知道自己将来想干什么，说明这个孩子已经完全丧失自信，应该接受相关的治疗。我们还必须考虑家庭成员的职业和兄弟姐妹的社会地位。父母不幸福的婚姻会影响儿童整体的发展。教师必须谨慎、全面地了解儿童及其所处的环境，进而根据问卷提供的信息采取相应的治疗措施，努力促进儿童的健康发展。

第 七 章

社会情感及其
发展的障碍

前面章节中我们讨论的是儿童对卓越的追求，与此形成对比的是，儿童和成人普遍存在另一种倾向，即与他人联合、与他人合作完成任务、站在社会的角度来评价自身的意义。最能描述这些表现的莫过于"社会情感"一词。社会情感的来源是什么？这是一个有争议的问题。但就笔者目前的发现来看，我们这里讨论的现象与人的本性密切相关。

　　有人可能会问，在何种意义上这一心理情感比追求卓越的心理倾向更具先天性？这两者本质上是相通的——追求个体卓越和关心社会具有相同的人性基础。两者都表现了人类渴望被肯定的欲望，只是表现的形式不同，而它们不同的表现形式隐含了对人性的不同判断和假设。因此，追求个体卓越的观念认为个体可以脱离群体独立生活，而关心社会的观念认为个体在一定程度上是依赖群体的。就人性的观点而言，社会情感的观点明显优于个体卓越的观点。前者呈现了一种更健康、更符合逻辑的世界观，而后者只是一种肤浅的世界观，虽然作为心理现象它在个体生活中出现得更加频繁。

我们只需要从历史角度考察人类就会发现，人类一直都是群居的，由此可以知道社会情感是真实存在、合乎情理的。进一步思考就会发现，单独的人类个体事实上是不可能生存的，为了保护自己，一直以来人类都必须采取群居的生活方式。只要比较人和狮子，我们就会发现，作为动物物种，人类是相当不安全的。大多数和人类体格相当的动物都比人类强壮，它们拥有的攻击和防御的天然武器也更为强大。达尔文发现，所有在某种程度上防御武器不够强大的动物都是群居的。例如，体格特别强壮的猩猩是和伴侣单独生活的，而猿家族中更瘦小的成员总是成群结队。正如达尔文指出的那样，群体的形成替代或弥补了个体动物天然缺少的武器——爪子、獠牙、翅膀等。

　　群体的形成不但弥补了动物个体缺少的东西，而且使它们能找到新的方法来保护自己，使自己的处境得到改善。例如，猴群知道如何提前派侦察员观察是否有敌人出现。通过这种方式，它们能充分利用集体的力量，而不仅仅是弥补个体成员的不足。我们也发现，野牛结成群体后能成功抵制比自己强大很多的动物个体的进攻。

　　研究这一问题的动物学家也发现，在这些动物群体中有类似法律的设置。因此，在前面的侦察员必须遵守某些规则，任何违反这些规则的行为都会受到群体的惩罚。

　　有意思的是，在这一方面，很多历史学家发现，人类最古老的法律都是用来约束部落的看守人的。如果真是这样，我们就有理由认为，群体是由更弱小、无能的动物为保护自己而形成的。在一定程度上，社会情感总是表明个体存在生理上的弱点，无法离开群体独立生活。因此，也许人类形成社会情感最重要的原因在于人类个体的无助及婴儿和儿童时期发展的缓慢。

在整个动物界，除人类以外没有哪一个物种的幼儿出生时是完全没有生存能力的。据我们所知，人类后代成熟所需的时间也是最长的。这不是因为在成年之前儿童必须学会很多事情，而是因为他们成长的方式。由于身体技能的限制，儿童需要父母照顾的时间比其他动物长很多；如果儿童没有得到这样的保护，人类这一物种就可能消亡。儿童这种生理上的弱点使得教育和社会情感有可能联系起来。由于儿童生理不成熟，因此教育就是必需的；而教育的目标受制于以下事实：只有依赖于群体才能克服儿童的不成熟，教育必然是为社会服务的。

所有有关儿童教育的规则和方法都必须体现群体生活的理念，并体现儿童是如何适应群体生活的。无论是否意识到，我们总是更欣赏那些有利于社会和团体的行为，而不那么欣赏那些对社会不利或有害的行为。

我们观察到的错误教育之所以被认为是错误的，是因为我们认为这些行为可能给社会带来有害的影响。人类的所有伟大的成就，事实上可以说人类能力的发展都是由社会生活的压力推动的，并以社会情感为发展的方向。

以语言为例，单独居住的个体是不需要使用语言的。人类发展出语言无可争议地表明了群体生活的必要性。语言是人们之间天然的纽带，同时也是人们群体生活的产物。只有从共同体的观念出发，才有可能揣测／理解语言的意义。单独生活的个体对语言是没有兴趣的。如果儿童没有广泛地参与社区活动，而是在孤立的环境中长大，那么其语言能力就会退化。所谓的语言天分只有在与他人的联系中才有可能获得和发展。

人们普遍认为，那些比其他人表达能力更好的儿童只是具有天分。事实却并非如此。那些说话困难或难以通过语言与人交流的儿童一般都缺乏社会情感。那些学说话学得很差的儿童一般都是被宠坏的儿童，因为他们的母亲在他们开口表达要求之前就已经为他们做了所有事情。这样，他们就失去了与人联系的机会，也因为不需要说话而丧失了社会适应能力。

也有儿童不愿说话是因为他们的父母从来都没有让他们把话说完过，也不允许他们自己回答问题；还有一些儿童是因为被别人嘲笑或讽刺而变得灰心丧气。在儿童教育中，这种频繁地纠错或批评的错误行为普遍存在。这样做的结果是这些儿童在很长时间内都会认为自己低人一等，有自卑感。

这些人一般说话前习惯于说："但是，请不要笑我。"我们经常听到这样的话语，马上就知道这些人在童年时期肯定经常被别人嘲笑。

有一种情况，父母都是聋哑人士，但孩子却能听会说。当他受伤的时候他总是无声地哭泣。因为父母只能看见他的痛苦，对哭声不会有任何反应。

没有社会情感，人类其他能力的发展也是难以想象的，如理解力和逻辑思维能力的增长。一方面，一个完全独居的人是没有必要有逻辑的，或至少不需要具备比其他动物更高的逻辑思维能力。另一方面，人总是在和他人打交道，在这一过程中必须使用语言、逻辑和常识，必须发展或获得社会情感，这是所有逻辑思维的最终目标。

有时候人们的行为在我们看来非常荒谬，但从其个人目标来看这些行为却是非常明智的。如果认为别人的想法都应该和自己的想法一致，人们就很容易产生这种荒谬的行为。这说明社会情感或常识在判断中是何等重要（更不要说如果没有复杂的社会生活，没有给个体呈现如此多而复杂的问题，形成常识就是毫无意义的累赘）。我们很容易就可以想到，原始人的逻辑水平之所以处于原始水平是因为他们相对简单的经历不能刺激他们进行更深入的思考。

社会情感对人类的语言能力和逻辑思维能力（两种我们几乎奉为神圣的能力）极为重要。如果所有人都尝试不顾其生活的群体去解决问题，或者使用其自己的语言，社会必然一片混乱。社会情感给予每个个体实实在在的安全感，成为个体生活的主要支撑。有人坚信，逻辑思考和真理是人之为人的根源。社会情感可能不能完全等同于这一信念，但却是这一信念最重要的组成部分。例如，为什么数字和计算被所有人广泛地接受，以至于我们认为只有用数字表示的时候，事物才是真正正确的？原因在于数字的运算更有利于与同伴的交流，同时，大脑对数字的运算也更容易。如果我们不能将思想传达给别人，不能和他人分享思想，我们就会对其真实性有所怀疑。这一系列的思想毫无疑问也是柏拉图试图以数字和数学为模型来构建哲学的思路。柏拉图主张哲学家返回"洞穴"，也就是说，要参与同伴的生活，这使我们对数字与社会情感之间的联系有了更加清楚的了解。柏拉图觉得，即使是哲学家，离开来自社会情感的安全感也无法正常生活。

如果儿童缺乏这种安全感的积累，在与他人接触或必须主动完成某项任务的时候就会"原形毕露"。特别是在学校某些要求客观、逻辑思维的科目中会显示出来，如数学。

关于人类在童年时期做好准备的观念（如道德感、道德标准等）通常都是单向的。对于一个被判独自居住的人来说，道德标准是荒谬滑稽的事情。只有考虑到共同体和他人权利的时候，道德才存在。美感和对艺术作品的偏好似乎不用考虑共同体和他人，但即使在艺术世界里，我们一般也会有一致的想法，这些想法很可能以对健康、力量、正确的社会发展的理解为基础。在一定程度上，艺术的边界是灵活的、富有弹性的，可能接纳更多符合个人品位的东西。然后，总体而言，即使美学也是遵循社会标准的。

如何才能知道儿童的社会情感发展到了何种程度？这是一个我们必须回答的实践性问题。可以肯定的是，我们必须考虑某些行为表现。例如，如果儿童在追求卓越的过程中完全不顾他人的感受，我们就可以肯定，他们比那些避免这样做的儿童更缺乏社会情感。在现代文明中，所有的儿童都在某种程度上渴望个体的优越，因此，儿童的社会情感通常没有得到充分的发展。这一直是人类批判学家、古代和现代道德家所批判的——人类的本性是以自我为中心的，他们更多地考虑自身，而不是他人。对人性的这种批判表现为一种说教，而这种说教对儿童或成人的影响都是微乎其微的，因为如果只是说教，任何事情都不可能取得成功，人们最终可能以"每个人都是这样，都差不多"来安慰自己。

对于那些观念非常混乱、已经形成有害或犯罪倾向观念的儿童，我们必须认识到，再多的说教也不会起到任何作用。在这种情况下，为了能根除他们的错误观念，更可取的做法是进一步地研究。也就是说，我们必须不再做判官，而应该成为他们的同伴或医生。

如果我们不停地告诉儿童他很坏或很蠢，在很短时间内他就会相信我们所说的是对的，从此，他在面对任何问题的时候都会缺乏足够的勇气。结果，他做任何事情都会以失败告终，这使他进一步相信自己很愚蠢。儿童不能理解，是原来的环境摧毁了他的自信心，他在无意识中用自己的生活来证明这一虚假的判断是正确的。这些儿童感觉自己不如同伴能干，认为自己的能力和潜力都有限。他的态度清楚地显示出其沮丧的思想状态，这一状态与不利环境对他施加的压力大小直接相关。

　　个体心理学试图证明，在儿童所犯的每一个错误中都能看到环境的影响。例如，儿童的混乱无序总是因为有人把他们的东西整理得井然有序，撒谎是因为专制的成人总想通过严厉的方式来纠正他们说谎。甚至通过儿童吹牛皮也能发现环境的影响。这些儿童通常更关注自己能否受到表扬，而不是能否完成任务。在追求卓越的过程中，他们总是从家庭成员那里寻求赞美和表扬。

　　每一个儿童的生活中都有一些情况常常被父母忽略或误解。因此，在有兄弟姐妹的家庭中，每一个儿童实际上都处于不同的情境中。家里的老大在一段时间内有独生子女的独特地位。第二个出生的孩子就不可能有这种经验。最小的孩子会经历很多其他儿童不曾经历的事情，因为在一段时间内他是家里最小最弱的。这些情境会有多种变化形式。如果两个兄弟或姐妹一起长大，年长的或更能干的那个孩子已经克服某些困难，而年幼的儿童还处在这一困难中。年幼的儿童这时处于相对不利的位置，他们能感受到这种不利。为了消除这种自卑感，这些儿童可能更加努力，以超越哥哥或姐姐。

经验丰富的个体心理学家通常能看出儿童在家庭中的排位。当年长的儿童取得正常的进步时，年幼的儿童被激励作出更大的努力，以赶上哥哥或姐姐。结果，年幼的儿童一般更积极，也更有进取心。如果哥哥或姐姐很弱或发展缓慢，弟弟或妹妹就不用那么努力地去竞争了。

因此，确定儿童在家庭中的位置非常重要，因为只有确定儿童在家庭中的位置才能完全理解儿童。家里最小的孩子会明显地表现出最小孩子的特征。当然，也有例外情况，但一般而言，最小的孩子一般都想超过所有人，永远都不安分，总认为其最终应该取得比所有其他人更大的成就，因此总在不断地进取。这些观察对于儿童教育非常重要，因为会限制某些教育方法的适用范围。我们不可能用同样的规则来教育所有的儿童。每一个儿童都是特别的，在把儿童归入一定的类型时，我们必须小心地把每个儿童都看成一个个体。这在学校几乎是不可能实现的，但在家庭里我们完全可以做到。

最小的孩子在任何事情中都想鹤立鸡群、引人注目，在很多情况下他们都能做到。考虑到这一点非常重要，因为这能大大削弱性格是先天形成的观念。如果不同家庭中最小的儿童都具有如此多相同的特征，性格是天生的这一说法就难以令人信服。

和前面所描述的儿童不同，还有一类最小的孩子可能完全相反，他们完全丧失了勇气，这样的孩子非常懒惰。表面上看起来完全不同的两类儿童却都可以从心理学上得到解释。与其说是困难挫伤了他们，不如说是想超越所有人的野心使他们伤痕累累。雄心使他们闷闷不乐，当困难变得几乎不可克服时，他们比那些没那么有雄心的人逃跑得更快。家庭中最小的这两类儿童印证了拉丁名言"要么成为恺撒，要么成为草芥"，也就是我们所说的"拥有一切，或者什么都不是"。

  在《圣经》中就有与我们的经验极为契合的有关最小孩子的故事，如约瑟夫（Joseph）、大卫（David）、索尔（Saul）等人的故事。有人会反对这一说法，因为约瑟夫有一个弟弟本杰明（Benjamin）。但本杰明是在约瑟夫 17 岁时才出生的，因此，童年时期的约瑟夫是家里最小的。在生活中，我们经常可以看到是家里最小的孩子供养了整个家庭。我们不但能在《圣经》中找到证实我们观点的故事，在神话中也可以找到类似的故事。在所有的神话故事中，最小的孩子最终都超越了所有的哥哥和姐姐——在德国、俄罗斯、斯堪的纳维亚、中国等地的神话中，最小的孩子总是征服者。这些不可能都是巧合，而很有可能是因为在以前，最小孩子的形象比今天更为突显。原因很可能是在早期社会，人们更容易留意到这一情况，因而更好地观察。

  关于儿童在家庭中的排位与其性格的关系我们还可以写

很多。最大的孩子也有许多共同之处，可以分为两种或三种主要的类型。

　　笔者对这一问题的研究由来已久，但直到偶然读到冯塔纳（Fontane）[①]自传中的一段文字，才有豁然开朗之感。冯塔纳在书中描写了他的父亲，一个法国移民，参加了波兰反俄罗斯的战争。当他的父亲得知 1 万波兰士兵把 5 万俄罗斯士兵打得落荒而逃的时候，总是非常开心。冯塔纳却对父亲的这种快乐无法理解。相反，他很反对 5 万俄罗斯士兵必须比 1 万波兰士兵强的观点。"如果不是这样，我就觉得没什么可开心的了，因为强者必须永远是强者。"读到这一段的时候，我突然得出结论，"冯塔纳是家里的老大"。只有老大才会说出这样的话。老大总是记得当他是家里唯一的孩子的时候在家里的有利地位，认为弱者抢夺这一地位是很不公平的。事实上，家里的老大通常性格比较保守。他们信赖权力、规则和不可违反的规律。他们倾向于坦然接受专制，不会有任何歉意。因为他们曾经拥有权力，因而认为权力非常重要。

　　前面我们说过，老大也有例外的情况。我们这里必须提到其中一个到目前为止都被人忽略的童年生活的问题。当弟弟或妹妹出生之后，哥哥就处于一种不幸的境地了。不用提

---

　　① 译者注：指特奥多尔·冯塔纳（1819—1898），德国小说家和诗人，被认为是 19 世纪杰出的现实主义作家。

及事情本身，很多关于困惑不已、完全丧失信心的男孩的描述都表明，他们所有的麻烦都是因为有一个聪明的妹妹。这种情况经常发生，绝非偶然，因为对此有一个合乎情理的解释。在现代文明中，人们一般认为男性比女性更重要。第一个出生的男孩一般会得到万般宠爱，父母对他期望很高。在妹妹突然到来之前，他在家里的地位是优越无比的。对于被宠爱的哥哥来说，妹妹是一个入侵者，他会与其抗争。这一情境激励妹妹特别努力，如果她的努力没有成功，这一刺激会影响她的整个生活。妹妹发展得非常快，使哥哥震惊不已，他突然明白，所谓男性优势只是梦幻一场。他变得不太自信，因为 14 到 16 岁的女孩无论是心理还是身体都比男孩发展得更快，他的不自信可能导致完全的失败。他很容易就丧失了自信，放弃了奋争，为自己寻找合适的理由或制造一定的困难，并以此为借口停止奋斗。

有很多第一个出生的男孩困惑、无助、不可思议地懒惰或者经常紧张不安，除了有一个妹妹让他们觉得自己不够强大，不能与妹妹竞争，我们找不到其他理由来解释。这些男孩有时候对女性有不可思议的仇恨。他们的命运通常很悲惨，因为没什么人能理解他们的处境，并能给他们解释。有时候这种情况会非常严重，以致其他家人会抱怨："为什么不颠倒过来？为什么男孩不变成女孩，女孩不变成男孩？"

只有姐妹没有兄弟的男孩也有许多共同特征。当家里只有一个男孩，而有很多女孩的时候，家里的氛围无疑是女性化的。男孩要么被家人宠坏，要么被女孩排斥。这些男孩的发展当然不同，但还是具有一些共同特征。我们知道，很多人都认为男孩不能只由女人来教育。对这一观念我们不应机械照搬，因为所有男孩最初都是由母亲抚养的。但真正重要的是，男孩不能在女性环境中成长。这并不是反对女性主义，而是反对由这一情形导致的种种不和谐。女孩和男孩一起成长也是有益的。男孩一般看不起女孩，结果，为了和男孩平等，女孩会模仿男孩，这对女孩未来的生活是不利的。

无论多么包容，我们都不可能附和这样一种观点——应该像养育男孩一样养育女孩。我们能在短时间内尝试这样做，但很快就会不可避免地表现出一些差异。由于男孩的生理结构不同，决定了他们在生活中会承担不同的职责。这对于其职业的选择会有一定的影响，那些对自己的性别角色不满意的女孩有时候很难适应那些她们可以选择的职业。当讨论婚姻准备问题时，很明显，对女性角色的教育必须不同于对男性角色的教育。对自己性别不满意的女孩会抗拒婚姻，认为那是对她们个人的降格；或者她们结婚了，但会试图控制另一方。像女孩一样养大的男孩在当今文明的婚姻中也会遇到巨大的困难。

在考虑这些问题的时候，我们必须牢记，儿童的生活方式通常来说在四五岁的时候就已经确定了。在 5 岁之前，儿童必须形成社会情感和社会适应所必需的灵活性。到 5 岁的时候，儿童对环境的态度通常已经能够固定，在此后的生活中，这一态度基本不会改变。儿童对外部环境的统觉基本不再变化；他们陷入了自身视角的陷阱，不断重复最初的精神结构及由这一结构导致的行为。一个人的社会情感往往受其自身精神境界的限制。

第 八 章

儿童在家庭中的位置：
情境与补偿心理

上一章的讨论让我们看到，儿童的发展与其对自己在环境中位置的无意识解读相关。我们也看到，第一个、第二个和第三个出生的孩子的发展是不同的，与其在家庭中的位置相关。童年的这一状态可以作为儿童性格发展的"试金石"。

　　对儿童的教育不宜过早开始。儿童在成长的过程中会形成某一套规则或准则，这套规则或准则会控制其行为，决定了儿童对各种情境的反应。当儿童年幼的时候，只有极少的迹象能表明他正在建构的、引导他将来行为的特定机制。随着年龄的增长，经过多年的训练，这种行为模式会逐渐固定下来。他对外界作出的反应也不再客观，而是基于他对过去所有经验的无意识解读。当儿童对特定的情境或自己处理某些困难的能力形成了错误的判断，这一错误的判断会决定他的行为，除非纠正原初幼稚的错误解读，否则再多的道理或常识都无法改变成人的行为。

　　一方面，儿童的发展总是有一些主观的、个人的东西，教育者必须关注这种个体性。正是这种个体性使教育者不能将一般的规则运用于所有的儿童群体，这也是为什么在不同的儿童身上运用同样的规则会有不同的结果。

　　另一方面，当儿童对同样的情境作出几乎相同的反应时，我们不能说这是因为天性的作用；真正的原因在于人类都缺乏知识，所以可能会犯同样的错误。人们一般认为，当家庭中有新的孩子出生时，大的孩子总是容易嫉妒。我们反对这一观念，原因之一是存在例外的情况；另一原因是，当人们知道如何让儿童做好弟弟/妹妹到来的准备时，儿童是不可能产生嫉妒之心的。犯错误的儿童就像群山中站在一条小路前的人，他不知道小路通往何方，也不知道如何前进。当他好不容易找到正确的路线，来到下一个城镇时，他听到人们吃惊地说："几乎所有走这条路的人都会迷路。"儿童之所以犯错误，是因为他们被一些迷人的路径引诱。这些路径看起来容易行走，因而会引诱孩子踏上歧途。

　　还有很多情境会对儿童的性格产生不可估量的影响。我们不是经常看到，在有两个孩子的家庭里，一个很优秀，另一个却很糟糕吗？如果我们进一步研究这一情况，就会发现那个表现很差的孩子强烈渴望优越感，想掌控其他所有人，想利用自己的力量去统治环境。他经常在家里大喊大叫，吵闹不休。相反，另一个孩子安静、谦虚，是家人的宝贝，被作为榜样和楷模。父母没法解释，为什么在同样的家庭里，孩子的表现会有天壤之别。通过考察，我们明白这是因为表现好的孩子已经发现，自己优秀的表现更能得到家人的认可，从而在与兄弟姐妹的竞争中取胜。事实确实如此。因此，可以理解的是，当两个孩子之间存在这样一种竞争关系时，第一个孩子想要通过更好的表现来超过第二个孩子的希望是渺茫的，所以他就从另一个方向来超越，也就是尽量淘气。根据我们的经验，这些淘气的儿童有可能转变成比他们的兄弟姐妹更优秀的儿童。渴望超越的强烈愿望有可能通过两个极端的方向表现出来。在学校的情况也是如此。

我们不可能因为两个孩子成长的环境相同就预测他们会变成同样的孩子。况且，没有两个儿童的成长环境是完全相同的。行为不好的儿童的出现会给行为表现好的儿童造成很大的影响。事实上，很多原本表现很好的儿童在后来变成了问题儿童。

这里有一个 17 岁女孩的案例。她在 10 岁之前一直都是模范儿童。她有一个比她大 11 岁的哥哥，哥哥深受家人的宠爱，因为在 11 年里他是家里唯一的孩子。当女孩降生时，哥哥没有表现出嫉妒，只是延续他原有的行为模式。当小女孩 10 岁时，哥哥开始长时间离开家。女孩成了家里唯一的孩子，这一情境使她变得随心所欲。她家境富裕，所以能轻易满足她作为儿童的所有愿望。当她长大后，并不是所有的愿望都能实现，于是，她开始表达不满。她年纪轻轻就开始利用家族的声誉借钱，很快就欠下了一大笔钱。这与她为了实现自己的愿望而采取的另一方法比起来就算不了什么了。

当妈妈拒绝满足她的要求时，她所有好的行为都消失得无影无踪。她和妈妈争吵、哭闹，变成了最令人讨厌的人。

从这一案例及其他类似的案例中我们能得出一般的结论：儿童良好的行为是为了满足其追求卓越的渴望；因此，我们永远都无法确定当情境发生改变时儿童这些好的行为是否还会继续存在。我们心理调查问卷的优势在于能更全面地描述儿童及其参与的活动，包括其与环境及环境中所有成员的关系。总有一些迹象能够表明儿童的生活方式，通过对儿童进行研究并结合从心理调查问卷中获取的信息，我们就会发现儿童的性格特征、情感和生活方式都是在他们的世界里提升优越性、增加价值感和获得声誉的工具和手段。

在学校中我们经常可以看到一类似乎与这一描述相反的儿童。这些儿童懒惰、沉默，对知识、规则或惩罚无动于衷、熟视无睹。他们生活在自己幻想的世界里，从来没有表现出想超越他人的渴望。然而，如果有丰富的经验，我们就可能知道，这也是追求卓越的一种表现形式，虽然是一种错误的方式。这些儿童认为自己没有能力通过惯常的方法获得成功，结果，他们就会逃避所有进步的方法和机会。他们把自己孤立起来，给人留下冷酷、麻木的印象。但是，这种冷酷麻木并不是其性格的全部。透过这种冷酷，我们经常能发现一个极其敏感、脆弱的心灵，这一心灵需要外在的麻木来保护，以免受伤。

如果能成功地促使这类儿童说话，人们就会发现，他们极其关注自我，总是处于幻想之中，创造出各种虚拟的世界，在这些虚拟世界里，他们总是很重要、很出众。现实与这些儿童的幻想有天壤之别。他们幻想自己是英雄，征服了所有人；或者是独裁者，解除了所有人的力量；或者是殉道者，帮助了受苦受难的人们。这些儿童不但喜欢在幻想中扮演拯救者，在现实生活中也是如此。有些儿童在别人处于危险中的时候，必定会奋不顾身地去拯救。如果没有完全丧失信心，当现实生活有机会时，那些在幻想中扮演拯救者的儿童会扮演类似的角色。

有些幻想会不断产生。在君主统治时期，澳大利亚有很多儿童都幻想从危险中拯救国王或某个王子。当然，他们的父母永远都不知道他们的孩子有这样的想法。他们能看到的是那些很爱幻想的儿童不能适应现实，无法实现自身的价值。在这种情况下，幻想和现实之间存在巨大差距。有时候儿童会选择一条中间道路：他们会保留他们的幻想，但会顺应现实，作出部分调整。另一些儿童拒绝作出任何调整，越来越退缩到他们自己创造的个人幻想世界中，还有一些儿童不想要任何想象的东西，只专注于现实，如旅游见闻、打猎见闻、历史等。

毫无疑问，儿童应该有一些想象，也应该愿意接受现实，但我们必须记住，儿童对这些事情的看法并非如成人那样简单，他们倾向于明确地将世界分成两个极端。我们在理解儿童时最重要的是要记住儿童具有把事物分成对立两端的强烈倾向（上或下，全好或全坏，聪明或愚蠢，上等或下等，全部或一无所有）。成人同样也会用对立的感知方式。众所周知，我们很难摆脱这种思维模式，例如，即使我们知道冷和热只是气温度数存在差别，也会倾向于把冷和热看成是对立的两端。我们发现，不但儿童经常使用对立的感知模式，在哲学的启蒙阶段同样如此。早期的希腊哲学充斥着这种对立的观念。即使在今天，几乎所有业余哲学家都试图用对立的两端来衡量价值。有些甚至列了表——生—死、上—下、男人—女人。在当今社会，儿童和古老的哲学思维模式之间有很大的相似性，我们可以认为，那些习惯于将世界分成界限分明的对立部分的人仍保留了这种幼稚的思维模式。

有这种对立思维模式的人有一个准则，可以用一句格言来概括——全有或全无。当然，在这个世界里不可能实现这样理想的状况，然而他们却据此来管理生活。人既不可能拥有所有东西，也不可能一无所有。在这两个极端之间存在无数的等级。持这一准则的主要是那些自卑感深重、因补偿作用而变得野心勃勃的儿童。在历史上有好几位这样的人物，如恺撒在追求王位时被朋友谋杀。儿童很多的特点和性格特征都可以追溯到这种全有或全无的观念，例如固执。我们在儿童的生活中可以发现无数证据，甚至可以得出结论：这些儿童已经形成了与一般哲学相对的个人哲学或个人的智慧。我们以一个 4 岁小女孩为例。这个女孩特别倔强和任性。有一天，妈妈递给她一个橘子，她拿过橘子扔在地上，说："你拿的我不想要，我想吃的时候自己会去拿！"

那些不能得到一切的懒惰的儿童会越来越退缩到他们幻想、想象和虚拟的城堡中。然而，我们不能因此就马上得出结论，认为这些儿童已经完全没有希望。我们很清楚，过度敏感的人很容易逃避现实，因为他们会创造个人虚幻的世界，这一虚幻的世界能在某种程度上保护他们不再受伤。但这种逃避并不必然证明这些儿童不能适应现实。与现实保持一定距离不但对于作家、艺术家而言是必要的，而且对于科学家也是必要的，科学家也需要良好的想象能力。白日梦似的幻想在某种程度上只是个体避免不愉快或生活中可能的失败的工具。我们必须知道，正是那些有丰富想象力，并能在后来的生活中把他们的想象与现实结合起来的人才会成为人类的领路人。他们成为领导者不仅仅是因为受过良好的教育，有敏锐的观察力，也是因为他们的勇敢，能有意识地处理生活中的困难，并成功地战胜困难。伟人的自传经常显示，尽管他们在现实生活中未必出类拔萃，在童年时期经常是坏学生，却形成了洞察周围世界的非凡能力。因此，只要环境好转，他们就会勇气倍增，再一次面对现实，继续战斗。当然，并没有规则告诉人们如何将孩子培养成伟人。但是，我们应该记住，永远不要粗鲁地对待儿童，而应不断地鼓励他们，不断地跟他们解释现实生活的重要意义，使他们不在现实和自己的幻想之间制造鸿沟。

第 九 章

作为准备性测试的
新情境

性格在任何特定时间的表现都具有一致性，从这一意义上说，精神生活是一个整体，并且是一个连续体。不同时间人格的展开都不是突然的。当今和将来的行为总是与过去的性格一致。这并不是说个体的生活是对过去和遗传机械的复制，而是说将来和过去是无缝对接的，具有连续性。虽然不能确定自我是什么，但可以肯定的是，我们不可能在瞬间就脱胎换骨，面目一新。也就是说，在表现出某些可能性之前，我们永远不可能知道自己所有的可能性。

　　人格是连续的，但并不是由过去和遗传机械决定的。这一事实不但意味着教育和进步的可能性，也意味着我们有可能揭示个体在任何时间点的人格发展状态。当个体进入新的环境，其隐藏的性格特征就会表现出来。如果我们有可能对个体进行直接的试验，把个体放入他们并未预料到的新的环境里，就可以发现他们的发展状况。他们在新环境里的行为表现肯定与其过去的性格一致，因而能在某种程度上揭示其在平常情境中不会表现出来的性格特征。

　　对儿童而言，也许在生活的转折点上最能了解他们的个性，如从家庭进入学校，或者家庭环境突然发生变化。在变化的环境中，儿童性格里的缺陷会清楚地呈现出来，就如照片上的图像那样清晰。

我们曾经研究过一个被收养的儿童。他恶习难改、喜怒无常，你永远都无法预料他下一秒会干什么。我们和他说话的时候，他总是答非所问。他的回答与我们的问题几乎没什么关系。考察了所有情境之后，我们得出结论：这个孩子在养父母家已经生活了几个月了，但对他们还是有一种敌对的态度。可见他并不喜欢这个家庭。

这是我们能从这一情境中得出的唯一结论。他的养父母刚开始时摇头否认，说孩子在这里得到了良好的待遇，事实上比他之前所有生活都要好。但这不是最关键的。我们经常听养父母说："我们对这个孩子用了各种方法，包括软的和硬的，但毫无作用。"只有善意是不够的。有些孩子对他人的善意能作出友好的回应，但我们不应认为我们已经改变了他们。他们认为自己暂时处于有利的位置，但从根本上来说，他们并没有改变，当环境里的善意不复存在，他们立刻就会回到原来的状态。

我们必须理解儿童的感受和想法，也就是他对情境的解读，而不是他养父母的想法。我们告诉孩子的养父母，孩子和他们在一起不快乐。我们无法判断孩子的这种态度是否合理，但肯定有什么事情引发了孩子的这种敌意。我们告诉他们，如果他们感觉自己没有能力纠正孩子的错误并赢得他的爱，他们可能必须把孩子交给别人抚养，因为孩子会一直反抗那些他认为是约束自己的东西。后来我们听说这个孩子成了一个脾气非常暴躁的人，甚至被认为是危险人物。温和的对待方式可能使这个孩子的表现略有进步，但这还远远不能使他得到彻底的改变，因为他没法理解整个情况。在获得进一步的信息后，我们才了解其中的原因：他是和养父母的孩子一起长大的，他相信养父母并不像关注自己的孩子那样关注他。这样耍小孩脾气当然是无理的，但他就是想离开这个家，因此，所有能促进这一目标的方式在他看来都是合适的。他依照自己设定的目标采取明智的行动，我们不应该认为他心智不健全。这个家庭用了很长一段时间才意识到，如果他们没有能力改变他的行为，就必须让他离开。

当这些儿童因犯错误而受到惩罚时，惩罚就成为他继续反抗的最好理由。这使他确信自己的反抗是正确的。我们的这一观点有合理的依据，从这一点上我们可以看到：所有儿童的错误都应该被理解为只是反抗环境的结果，是他碰到了一个自己没有准备好的新环境的结果。这些错误虽然幼稚，但并不令人意外，因为在成人的生活中我们也可以看到同样的表现。

人们对身体姿态和自然的表达形式是如何被解读的几乎还没有得到研究。教师可能是最合适的把所有这些姿态和表达形式串联成系统，并考察它们的来源及相互之间的关系的人选。必须记住的是，同一表达形式在不同的场合可能有不同的意义，而两个儿童同样的表达形式也可能有不同的意义。况且，即使是基于同样的心理原因，问题儿童的表达形式可能也不一样。这只不过说明条条大路通罗马，达成目标的方式多种多样。

在这里我们不能依据常识来判断对错。儿童犯错只是因为他们的目标错了。因此，所有为实现这一错误目标而采取的行为也都是错误的。奇怪的是，人犯错误的可能性有千万种，但真理却只有一个。

有几种表达形式极其重要，但在学校还没有得到重视。例如睡姿。有一个很有趣的案例：一个15岁的男孩经常出现幻觉，说当时的奥地利皇帝弗朗西斯·约瑟夫一世已经死了，以鬼的形象出现在他面前，命令他组建一支军队，反抗俄罗斯。当我们晚上到他房间观察他睡觉时，看到了惊人的一幕。他是以拿破仑的姿势躺在床上的。第二天我们看到，他睡觉时还是保持类似军人的姿势。他的幻想和清醒时态度的关系是相当清楚的。我们找他谈话，极力使他相信皇帝还活着，但他拒绝相信。他告诉我们，他在咖啡馆招待客人的时候，总是因为身材矮小而被嘲笑。当我们问他还有谁和他走路的姿势相同时，他想了一会儿，说："我的老师，迈耶先生。"我们似乎在朝正确的方向前进，想象一下迈耶先生如拿破仑一样矮小的身材，一切难题似乎都迎刃而解了。更重要的是：男孩告诉我们，他长大后想当老师。迈耶先生是他最喜欢的老师，他喜欢模仿迈耶先生的一切。总而言之，这个男孩所有的人生故事都浓缩在他走路的姿势里了。

新环境是测试儿童是否为社会生活做好准备的试金石。如果儿童准备充分，他就能自信地应付新的环境；如果他没有准备好，新环境就会让他紧张，感觉自己无能。这种无能感会扭曲判断，对环境作出的反应也会错误频出，也就是说，这些反应并不符合环境的要求，因为它们不是建立在社会情感的基础之上的。

我们必须考察新环境的原因不在于我们认为它使儿童变坏，而在于它更清楚地显示了儿童初期准备的不足。所有的新环境都可以作为测试儿童准备充分与否的试金石。

在这方面，我们可能有必要再讨论一些问题。

1. 孩子是什么时候开始有理由抱怨的？我们立马注意到是从进入新环境时开始的。当妈妈说直到上学之前孩子都是好好的，她告诉我们的东西比她自己所理解的要多得多。上学对于孩子来说太难了。如果妈妈回答说"是最近三年以来"，这是远远不够的。我们必须知道三年以前孩子所处的环境发生了什么变化，或者他的身体状况发生了什么改变。

儿童对自己信心减弱的第一个标志经常是不能适应学校生活。儿童最初对学校生活的不适应有时没有得到足够的重视，而这对孩子而言可能是一场灾难。我们必须了解儿童是否经常因为考试成绩差而被责罚，这些分数或责罚对他追求卓越的努力有什么影响。儿童可能逐渐相信自己是无能的，将一事无成，特别是父母经常说"你会一事无成"或"你最终的下场就是坐牢"。

失败能使一些儿童斗志昂扬，但也可能使另一些儿童一蹶不振。我们必须鼓励那些对自己和未来丧失信心的儿童。我们应该温和、耐心、宽容地对待他们。

对于性的不恰当解释可能使儿童惊慌失措。兄弟姐妹非凡的成就也可能使他们丧失进一步努力的勇气。

2. 这一现象以前明显吗？意思是说，在环境改变之前，儿童没有充分准备的表现明显吗？对这个问题的回答五花八门。"孩子喜欢滋事"意味着妈妈习惯为他做好一切事情。"他总是很胆小"意味着他很依恋家庭。如果儿童被认为很虚弱，我们可以推测，这个孩子出生的时候身体比较弱，因而得到了家人的宠爱，或者是因为长得丑而被忽略。这一问题也可能是指孩子弱智。儿童可能发展缓慢，因此大家都认为他是弱智。虽然后来证明他不是弱智，他还是会感觉自己受到宠爱或限制，而这些感觉都使得他在适应新环境的时候更加困难。

教师的首要任务是赢得孩子的心，然后再培养他的勇气。如果儿童表现得笨手笨脚，教师要看看他是不是左利手。如果儿童表现得特别笨拙，教师要看看他是否完全理解自己的性别角色。在女性环境中长大的男孩会回避其他男孩的陪伴，经常被嘲笑和戏弄，经常被当成女孩对待。这些男孩习惯女孩的角色，在之后的生活中会遭遇巨大的内心冲突。儿童不懂得两性生殖器官的区别，认为性别是可以改变的。但最终他们发现，身体结构是不可能被改变的，因此试图根据自己向往的性别来发展男性或女性气质特征，以弥补身体的不可改变性。他们通常通过服饰或举止来表达这一倾向。

有些女孩会讨厌女性职业，主要的原因在于她们认为这些工作是毫无价值的，这应该说是我们文明的主要的败笔之一。社会传统仍然认为男人拥有女人所没有的特权。我们的文明明显是有利于男人的，对男人自诩的某些权利持肯定态度，生儿子往往比生女儿更令人高兴，这必然对男孩和女孩都造成了伤害。女孩很快陷入自卑的深渊，发展受到限制，而男孩则背负着期望的包袱。

我们现在关注的是人类整个心理的发展，而儿童是人类心理发展状况真实的写照。对女性角色的接受有时很难，偶尔会激起反抗。反抗的形式经常是任性、固执、懒惰，所有这些都和儿童追求卓越相关。当女孩表现出这些特征时，教师必须确认女孩是不是对自己的性别不满意。

对自己性别极度不满可能拓展到对其他各个方面都不满意，整个生活因而也变成了包袱。有时候我们会听人说想住到另外的星球去，在那里没有两性的区分。这种错误的思维过程可能导致各种荒唐的事情，或者彻底的冷漠、犯罪甚至自杀。惩罚和缺少关注只会强化儿童的不自信。

如果儿童能在不知不觉中了解男人和女人的不同，并被告知女人和男人具有同等的价值，上面这些不幸的情况可能就都不会发生。通常来说，父亲在家庭中具有某种优越地位。父亲似乎是掌控者，制定规则，发出指令，向妻子解释及作出决定。兄弟们会试图表现得比姐妹们更优越，通过讽刺和批评使姐妹们对自己的性别产生不满。心理学家知道，男孩这样做是因为他们自己感觉很脆弱。因为实际能做的事情和只是看起来能做的事情是截然不同的。认为女人到目前为止还没有取得过伟大成就这样的言论是毫无价值的。那只是因为迄今为止，女人还没有被培养去做伟大的事情。男人把女人局限在缝缝补补这一类事情中，并使女人相信那就是她们应该做的事情。如今这一观念在某种程度上已经被抛弃，但在培养女孩的时候，我们还是没有期待她们取得辉煌的成就。

在阻碍女孩发展之后，又尖刻地批评她们取得的成就不如男人，是目光短浅的。要改变这一状况并不容易，因为不但父亲认为男性特权是正当的，连母亲也认同这一观点，并根据这一观念来培养孩子。他们告诉儿童，男性权威是正当的，认为男孩需要别人的顺从，而女孩就得顺从别人。儿童应尽早知道自己的性别，并知道自己的性别是不可以改变的。就如我们刚才说的，女人对男人是权威、具有优越性这一点已经产生了怨恨之情。如果这种怨恨的情绪非常强烈，她就会拒绝接受自己的女性性别，努力使自己变得像个男人。个体心理学把这种现象称为"男性抗议"。畸形和发育不完全之类的次发症状经常使成人怀疑自己在生理方面的性别（女孩具有男性的身体特征，或者男孩具有女性的身体特征）。这些信念有时候根深蒂固，甚至和人的身体弱点相关。儿童般的身体外形（男孩比女孩更明显）使人们相信男人有女性的性格特征。这当然是无稽之谈，因为这样的男人更像儿童。一个男人的身体没有得到充分的发育会使他自卑万分，因为我们的文明通常认为男人应该充分发展，男人的成就应该超越女人。对于女孩来说，不漂亮经常也会导致她们的生活问题多多、困难重重，因为我们很看重女孩漂亮的外表。

性情、气质和情感是第三性别特征。敏感的男孩被认为女里女气；冷静镇定、自信满满的女孩被认为具有男孩气质。这些特征都不是天生的，而是后天习得的。人们记住了小时候的这些特征，然后根据情况而定，或者说这些儿童非常特别，或者说他们很沉默，或者很像男孩或女孩。他们根据对各自性别角色的理解来发展个性。更深一步的问题是儿童的性别发展及生活经验之间的联系程度，这意味着在一定的年龄阶段他们期待理解一定的性别知识。可以说，当父母或教育者最终向其解释有关性别的知识的时候，至少90%的儿童早已经了解了这些知识。因为我们不能预测儿童是如何理解有关性别的解释的，也无法知道他们对这些知识的信任程度及其一般会对他们产生什么影响，因此，我们不能制定明确的、固定的关于性别教育的规则。但儿童一旦要求解释，我们应该在仔细考察儿童当时的情况之后再给出相应的解释。虽然不成熟的解释不一定会对儿童造成有害的影响，但这样做还是不够明智的。

领养儿童或继子 / 继女的问题是很棘手的。这两类儿童都理所当然地认为他们应该受到良好的待遇，如果他们受到了严厉的对待，就认为是由家庭的特殊位置造成的（即认为因为自己是领养的儿童或继子 / 继女）。失去母亲的儿童有时会特别依恋父亲。后来，父亲再婚了，儿童就觉得自己被抛弃了，因此拒绝和继母建立良好的关系。有意思的是，少数儿童认为自己的亲生父母是继父母，这当然暗示了父母对他们的严厉批评和不满。在很多童话故事里，继父母都是邪恶的，现实中的继父母也因此名声不好。顺便说一下，童话故事对于儿童来说可能不是最好的阅读材料。从童话故事中儿童也能学到很多关于人性的知识，因此，完全杜绝童话也不是明智之举。但在有些故事后面我们应该加上纠正性的评论，以防止儿童从这些故事中习得残忍或扭曲的行为。有些童话故事的主人公强壮有力，行为粗鲁，而这些故事有时候被用来作为教育材料，以使儿童变得坚强，拒斥柔软的情感（这是来自我们崇拜英雄的又一错误观念）。男孩认为表现出同情是缺乏男子汉气概的表现。只要不被误用，柔软的情感毫无疑问是很有价值的（虽然任何情感都可能被误用），但不可思议的是，柔软的情感却受到嘲讽。

私生子女的问题也是特别难处理的。只是由女人和儿童来承受这一切，男人却逍遥自在，这当然是很不公正的。而付出最大代价的是儿童，不管我们怎么尽力帮助这些孩子，他们都不可能完全不受伤害，因为常识很快就会告诉他们所有的东西都是不对的。他们被同伴或其他人嘲笑，国家的法律使得他们的生存环境更加艰难，因为他们是非法的。他们特别敏感，因此容易和人发生争吵，对世界产生敌意，因为所有的语言中都有关于私生子女的难听的、侮辱性的、让人觉得痛苦不堪且尊严尽失的话语。这就很容易理解为什么很多问题儿童和犯罪分子都是孤儿或私生子女。私生子女或孤儿的这些社会倾向不可能是天生的或遗传的。

第 十 章

学校里的儿童

就如前面所说的，学校对于儿童来说是一个全新的环境。像其他新的环境一样，进入学校后的表现可以检测之前的准备工作是否充足。如果之前对儿童的养育恰当，他就能正常通过测试；如果不恰当，养育中的不足之处就会清楚地显现出来。

　　我们通常不会对儿童进入幼儿园或小学的心理准备情况进行记录，但如果我们有这样的记录的话，对于解释其将来的成人生活是很有意义的。这些"新环境测试"比一般的知识测试更能揭示儿童的发展。

　　儿童入学应该做些什么准备呢？学校功课需要儿童与老师、同学的合作，也需要儿童对学校科目产生兴趣。通过儿童对这一新环境的反应，我们就能判断其合作能力和兴趣范围。我们能判断儿童对哪些科目感兴趣，能了解他能否聆听他人说话，能辨别他是否兴趣广泛。探究这些事实的途径很多：研究儿童的态度、姿势和脸色、聆听的方式、是否友好地接近老师，或是否总是远离老师等。

　　这些细节是如何影响一个人的心理发展的？我们通过一个案例来说明。有一个人因为职业上存在一些困难来咨询心理医生。回忆童年时，心理医生发现他的家里只有他一个男孩，其他都是女孩，而且父母在他出生之后不久就过世了。当他去上学的时候，他不知道自己应该去男校还是女校注册。在姐妹们的说服下他去了女校，但不久后就被开除了。我们能够想象这给他留下了什么创伤。

儿童对科目的兴趣在很大程度上依赖于儿童是否喜欢该科目的老师。教师的技巧之一是让孩子保持专注，并知道儿童什么时候没有专注，什么时候不能专注。很多儿童在入学的时候没有专注能力。这些一般都是在家倍受宠爱的孩子，学校这么多的陌生人让他们茫然失措。如果碰巧老师又比较严格，这些儿童就会表现得像没有记忆力似的。但这种记忆力的缺失并不是如我们通常认为的那么简单。这些被责备没有记忆力的儿童在另外的事情上记忆力完全正常。他们甚至能专注地做事，但只有在家里他们熟悉的、宠爱他们的环境中才可以。他们只关注自己是否受到宠爱，而不关注学校功课。

如果这些儿童在学校没有进步，学习成绩很差，没有通过考试，批评或责备他们都无济于事。批评或责备不但不能改变他们的生活方式，相反，这些只会使他们确信自己并不适合学校，并形成悲观的态度。

如果教师能够赢得这些被宠坏的孩子的心，他们往往能成为优秀的学生。如果优势明显，他们就能努力学习。不幸的是，我们不能保证他们在学校总是能受到老师的宠爱。当儿童换了学校或老师，甚至他在某一科目上没有取得进步（数学对于被宠坏的儿童总是很艰难的）时，他都会突然停滞不前。原因在于他已经习惯不费力气就获得一切，从来没有人教他奋斗，他也就不知道如何奋斗。他没有克服困难所必需的毅力，也不能通过自己有意识的努力不断进步。

到此我们就应该明白为进入学校做好准备意味着什么了。儿童准备不足总是和母亲的影响相关。妈妈是唤起儿童兴趣的第一人，因此妈妈有责任把儿童的兴趣引向健康的渠道。妈妈如果没有履行这一责任（很多妈妈经常是这样的），其结果在儿童的学校表现中就会清楚地显现出来。除了妈妈的影响，整个家庭对儿童还存在其他复杂的影响，如父亲的影响、我们在前面章节讨论过的儿童之间的竞争。还包括外界的影响，如恶劣的外部环境和偏见等，在后面的章节中我们会详细讨论。

总而言之，儿童准备不足是由多方面的环境因素导致的，因此，只以学习成绩为基础来评判儿童是极不明智的。我们应该把儿童在学校的成绩看成是其当下心理状态的充分反映。所以，重要的不是儿童取得的分数，而是这些分数所表明的儿童的智力、兴趣及关注的能力等。学业考试虽然和智力测试等科学测试在结构上有所不同，但解读的方式应该是一样的。在这两种情况下，我们关注的重点都应该是测试所揭示的儿童的精神状态，而不是测试所包含的量化事实。

近年来，所谓的智力测试发展很快。这些测试对教师非常重要，有时候确实也是有益的，因为它们能揭示出一些普通考试不能显示的东西。有时候这些智商测验能拯救儿童。当一个男孩学习成绩不好，老师想让他留级时，智力测试可能显示这个儿童智商很高，因此，这个孩子不但不用留级，还被允许跳级。这会使儿童获得极大的成就感，其行为从此也会发生巨大的改变。

我们并不希望低估智力测试的作用，但这些测试的结果既不应该让儿童知道，也不应该让儿童的父母知道。父母和儿童都不理解智力测试的真正价值。他们认为这代表了最后的、全部的结果，预示了儿童的命运，儿童之后的发展都会受到这一结果的限制。事实上，把智力测试的结果绝对化极易受到各种批判。在智力测试中得到很好的分数并不能保证其将来的生活，相反，那些事业有成的成年人在智力测试中可能得分并不高。

个体心理学家做过这样的实验：每当智力测试显示被试者智商很低时，只要运用正确的办法，我们都可以提高其智商。方法之一是让儿童多次做某一智力测试，直到他找到窍门、对这类测试有充分的准备为止。儿童通过这一方法取得了进步，增加了经验，在之后的测试中就能获得更好的分数。

学校秩序是如何影响儿童的？儿童是不是被学校繁重的

课程所压迫？这些都是很重要的问题。我们并不认为学校的科目没有意义，也不认为学校的科目必须减少。当然，连贯地进行科目教学，使儿童能明白所学科目的实践价值，而不只是把科目看成是抽象的、理论的东西非常重要。如今人们对这一问题讨论热烈，我们到底是应该教给儿童学科知识，还是应该培养他们的人格？个体心理学研究者相信这两者是可以结合的。

我们前面说过，科目的教学应该是有趣、实用的。数学（包括算术和几何）的教学应该和建筑物的风格、结构及里面能住多少人等问题联系起来。在一些先进的学校里，一些有经验的老师知道如何把科目相互联系起来进行教学。他们和儿童一起散步，发现其对有些功课兴趣浓厚，对另一些功课却兴趣一般。于是他们尝试把一些科目结合起来教学。例如，他们把有关某种植物的教学与植物历史、国家气候等科目的教学结合起来。这样，他们不但能促使儿童学习那些其原本不感兴趣的科目，还能教会儿童以协调、综合的方法来探究事物，而这正是所有教育的最终目标。

教育者不应忽略的另一要点是，儿童在学校感觉自己处于个人竞争的环境中。这一点的重要性是很容易理解的。理想的学校班级应该是一个整体，每一个儿童都觉得自己是整体中的一员。教师应该使儿童之间的竞争和个人的雄心保持在一定范围之内。儿童不愿意看到别人取得进步，他们要么拼命超越对手，要么忍受一次又一次的失望，陷入对事物的主观揣测之中。这也是教师的建议和引导如此重要的原因——教师的一句恰当的话就可能把儿童的精力从竞争转向合作。

让儿童尝试制定、修改班级自我管理的规则非常有助于促进儿童之间的合作，减少他们之间的竞争。在儿童完全具备制定自我管理规则的能力之前，我们就可以开始实施这一方法。最先可以让儿童观察班级规则的运作，或者充当顾问的角色。如果在儿童没有准备的时候给予他们完全的自我管理权力，我们会发现，他们的惩罚比老师更严厉，甚至会使用这种权力来获得个人利益或优越感。

至于儿童在学校的发展，我们必须同时考虑老师和儿童的观点。有意思的是，儿童在这一方面有良好的判断。他们知道班上谁的拼写最好，谁的美术最好，谁的体育最好。他们能很好地相互评估。有时候他们对其他人的评估不是很公平，但他们能意识到这一点，并尽力做到公平。最大的困难在于他们会贬低自己，认为自己永远也赶不上别人。这当然不是真的，事实上，他们能赶上别人。老师必须指出他们判断中的这一错误，否则，这会变成他们一生中无法逾越的障碍。有这种想法的儿童将永远无法取得进步，而只会停留在原地。

学校绝大部分儿童几乎总是停留在同一水平：他们总是

最好的、最差的或中等的，总是保持原有水平。与其说这种状态反映了儿童智力的发育情况，还不如说是反映了一种惰性心理。这表明儿童已经限定了自己，在最初的几次尝试之后，就对自己不再有信心。但事实上，有时候儿童的水平会发生相对的变化，这一事实非常重要，因为这表明儿童的智力状态并不是天生注定、不能改变的。我们应该让儿童知道这一点，并引领他们把这一观念运用到自己身上。

教师和儿童都应该摒弃这一错误观念：具有正常智力的儿童取得的成就是由其特有的遗传因素决定的。认为能力来自遗传可能是儿童教育中最严重的错误。当个体心理学最初指出这一点的时候，人们认为这可能只是有利于我们的乐观推测，不是建立在科学基础上的一般结论。但现在越来越多的心理学家和精神病学家开始接受这一观点。遗传很容易成为父母、老师和儿童的替罪羔羊。只要遇到需要付出努力才能克服的困难，他们就会以遗传为借口为自己推卸责任。但我们没有逃避责任的权利，并且，对于那些帮我们推脱责任的观念我们都应保持警惕。

相信自己工作的教育价值，相信教育就是培养儿童的人格的教育者不可能坚定地接受遗传论。我们在这里讨论的不是生理上的遗传。我们知道器官的缺陷，甚至器官的不同能力都是遗传造成的。但器官功能和心理能力之间的关系是什么呢？个体心理学坚持认为，心理能力受限于器官能力的大小，必须考虑器官能力。但有时候人在心理上会过度考虑器官，因为器官的某些缺陷或残疾使人心有余悸，以致在器官恢复正常后很长时间内还无法摆脱这种心理上的恐惧。

人们总是喜欢对事物追根溯源，寻求事物、现象形成的源头。我们经常用这个 ① 来判断一个人的成就，但这一观点很容易误导人。这一模式中最常见的错误是忽略大多数祖先，忘记了如果我们建立一棵家庭树，在每一代我们都有两位父母。如果我们往上追溯 5 代，我们就有 62 位祖先，毫无疑问，在这 62 位祖先中我们总能找到一个聪明的，其后代的能力就可以源于此。如果我们往上追溯 10 代，就有 2046 位祖先，毫无疑问，即使找不到很多，我们至少可以找到一位能人。同时，我们应该记住，一位非常能干的人给家庭留下的传统能起到类似遗传的作用。这样就能解释为什么有些家庭总能比别的家庭产生更多聪明能干的孩子。显而易见，这不是遗传。只要想想过去在欧洲所有的儿童都必须从事父亲的职业就能明白这一点。如果不考虑这些社会制度，有关遗传的统计资料看起来是非常有说服力的。

除了遗传观念，给儿童带来最大困难的是因成绩差而受到惩罚。如果儿童学习成绩差，他自己也会发现老师不是特别喜欢他。因此，他在学校是很难受的。回家后，他又被父

---

① 译者注：事物的源头，这里指的是遗传。

母责备，父母会训斥他，还会经常揍他。

学校老师应该牢牢记住差的成绩单所带来的后果。有些老师相信，如果儿童不得不把坏的成绩单带回去，他们会更加努力地学习，但老师没有考虑儿童具体的家庭环境。在有些家庭，父母对待儿童相当粗暴，这些儿童在带回差的成绩单时会再三犹豫和考虑。结果，他可能不再来上学，有时候还会极度绝望，因害怕父母责罚而自杀。

教师对学校的系统没有责任，但只要可能，教师应该以个人的同情和理解缓解系统的冷漠无情。因此，教师在考虑儿童的家庭环境后，对某些特殊的儿童应该更加温和，老师的温和会使儿童受到鼓励，而不会将他们推向绝望的深渊。如果儿童成绩总是很差，总是被告知他是学校最差的学生，他的心理负担是很重的，直到最后他自己也会相信这一说法。如果我们设身处地地站在这些儿童的处境想一想，就很容易理解他们为什么不喜欢学校。这是人之常情。如果在学校总是受批评，学习成绩很差，还没有希望赶上，儿童当然不会喜欢这个地方，会努力逃离这个地方。因此，如果发现这些儿童游离在学校外面，我们不必太过吃惊。

虽然对这一情况我们不必过于恐慌，但也应该引起足够的重视。我们应该认识到这是一个不良的开端，发生在青春期尤其如此。这些儿童为了保护自己会伪造成绩单、逃学等。这样，他们可能碰到和自己情况相同的人，他们会组成帮派，最终走上犯罪的道路。

如果我们接受个体心理学所主张的观点——所有儿童都是有希望的，那所有这一切都可以避免。我们必须相信，总能找到一种方法来帮助儿童。即使在最差的环境中也总有一种方法，当然，这种方法不会自动出现，需要我们耐心寻找。

让儿童留级的不良后果几乎是不言而喻的。老师们知道，留级的学生对于学校和家庭都是个问题。这可能不是绝对正确的，但例外的情况屈指可数。大多数留级生都是老留级生——无论怎么留级，他们总是落后，这说明他们身上的问题一直都没有得到解决，留级只是一种逃避的方法。

什么时候该让儿童留级是一个很难决定的问题。有些老师能成功地克服这一难题。他们利用假期来培训儿童，找出他们生活方式中的错误之处，并帮助其改正，这样，儿童在新学期就能跟上班级进度。如果在学校有专门的辅导教师，我们就能更广泛地使用这一方法。遗憾的是，我们有社工，也有家庭教师，但没有辅导教师。

德国并没有家教机构，似乎这对于我们来说完全没有必要。公立学校的班主任对学生的情况最为了解。如果班主任能正确观察儿童，他可能比其他任何人都更了解儿童的发展状况。有人说，因为班级人数众多，班主任不可能了解每一个学生。但如果从入学开始就观察学生，我们很快就能了解其生活方式，并避免很多困难，即使面对很多学生也可以做到这一点。面对众多的学生，理解他们比不理解他们能取得更好的教育效果。班级人数多当然不是有利的事情，我们应该尽量避免，但这并不是不可逾越的障碍。

在个体心理学看来，最好不要每年更换教师，也不要如有些学校所实行的 6 个月一换，最好是跟班上。如果教师能教同样的学生 2—3 年，甚至 4 年，这从各个方面来看都是有利的。这样，老师就有机会深入了解每一个学生，就能够找到每个学生生活方式中的错误所在，并更正这些错误。

儿童经常跳级。人们对跳级是否有利存在争议。跳级的学生经常不能达到人们对他们跳级所持有的高期望。应该跳级的学生是那些比同年级学生大很多的儿童。那些以前很落后、现在发展和进步很快的儿童也可以考虑让其跳级。但跳级不应该作为学习成绩突出的奖励，也不能因儿童懂得比其他同学多就选择跳级。特别聪明的儿童可以花更多的时间学习课外的东西，如绘画、音乐等，这比跳级要好得多。这些聪明的孩子学到的课外知识和技能对全班都是有利的，因为这能促使别的儿童去学习。让班级里优秀的学生跳级是弊大于利的。但也有人主张，我们应该促进杰出的、聪明的学生的发展。我们不这样认为。相反，我们相信，聪明的学生能促进整个班级的进步，使班级发展的动力更强。

考察学校两种类型的班级——高级班和落后班——是非常有意思的事情。人们会吃惊地发现，在高级班，只有少数几个反应迟钝的学生，而在落后班并非如大多数人所预想的那样有很多反应迟钝的学生，那些学生都来自贫困家庭。贫困家庭的儿童被认为是智力落后的，原因在于他们没有为上学做好准备。这很容易理解。他们的父母通常太忙，没什么时间陪伴孩子，或者因为自己所受教育有限，不知道要如何让孩子做好上学的准备。这些没做好心理准备的儿童不应该被划为落后学生。落后生会成为儿童的标签，使他们成为同伴嘲笑的对象。

我们前面提到的导师的方法能使这些儿童得到更好的照顾。除了导师，我们还应该建立俱乐部，让儿童能在那里接受额外的指导。在俱乐部，他们能做作业、玩游戏、阅读等。这样能培养他们的勇气，不会因为被划为差生而灰心丧气。如果这些俱乐部能有比现在学校更多的操场，就能使这些儿童彻底离开街道，离开社会不良人员的影响。

男女同校的问题是所有教育实践不可避免的问题。原则上我们认为应该促进男女同校，因为这是男生和女生相互了解的良好途径。但是，如果认为男女同校只是把男生和女生放到一个学校，其好处就会自然显现出来，则是极为错误的。我们必须考虑男女同校所带来的特殊问题，否则，男女同校带来的不利之处将会超过其有利之处。例如，有一个问题是人们经常忽略的：16 岁之前女孩一般发展得比男孩快。如果男孩没有认识到这一点，看到女孩比他们优秀很多，他们会失去平衡，开始与女孩进行毫无意义的竞争。学校管理者或老师必须考虑这样一些事实。

只有老师欣赏男女同校，并理解男女同校所涉及的问题，才有可能取得男女同校教育的成功。但不喜欢男女同校的老师会感觉这一制度是一个沉重的包袱，他所教的班级不可能取得男女同校教育应有的效果。

如果男女同校制度缺乏恰当的管理，儿童没有得到正确的引导和监管，很自然会出现性的问题。在下一章我们会详细讨论性教育。事实上，学校并不是解决性问题的最佳场所，因为当教师在全班面前说这一话题的时候，他不可能知道学生是如何理解这些话的。如果学生私下问老师相关问题则是另一回事。如果女生问老师有关性的问题，老师应该正确地回答。

讨论教育的行政工作或多或少有点离题。现在我们回到本章讨论的中心问题。可以说，通过考察儿童的兴趣、找出他们可以取得成功的科目，我们总是能找到方法来教育儿童。无心插柳柳成荫，和人类生活的其他方面一样，教育也是如此。这意味着如果一个儿童对某一科目感兴趣，并能学好它，这会激励他去做好其他的事情。儿童能否将现有的成功作为获取更多知识的基础和动力关键在于老师。光是儿童自己并不知道如何通过自身努力来做到这一点，就如我们所有人从无知发展到博学时都需要帮助一样。但老师能做到这一点，如果老师能用学生已取得的成功来激励学生进步，学生就会明白成功的意义，并知道如何跟随老师的指引。

儿童感官的情况和上面所说的有关儿童感兴趣的科目的情况相类似。我们必须找出哪个感官是儿童最常使用的，什么类型的感觉最让儿童着迷。很多儿童是视觉型的，有一些儿童是听觉型的，还有一些儿童是运动型的，等等。近年来，所谓的手工学校很受欢迎，这些学校遵循的正确原则是把科目的教学和眼睛、耳朵、手的训练结合起来。这些学校的成功表明利用儿童的生理特长非常重要。

如果儿童是视觉型的，教师应该懂得在一些需要利用视觉的科目中他可能学起来更轻松，例如地理。这样的儿童更擅长有图画、图表等视觉材料的课程，而不是有更多听觉材料的课程。这是老师应该具备的洞察某一特定儿童的问题的典型案例。老师观察学生后还可能获得许多其他这样的洞察。

总而言之，理想的教师负有神圣而又令人着迷的使命。他塑造儿童的精神，人类的未来就掌握在他的手中。

但是，怎样才能使现实中的老师成为理想的老师呢？只是展望教育理想是远远不够的，我们必须想办法实现教育理想。很久以前，笔者在维也纳开始寻求这一方法，寻找的结果是在学校建立咨询诊所或辅导诊所 ①。

---

① 参见由阿德勒及其同事格林伯格（Greenberg）所著的《引导儿童》（Guiding the Child）一书，纽约出版社出版。这本书详细介绍了这些诊所的历史、技术和成果。

建立这些诊所的目的在于使现代心理学知识服务于教育系统。合格的心理学家不仅要懂得心理学，还要理解老师和父母的生活，和老师一起工作，在固定的某一天进行咨询会诊。在会诊的那一天，老师会开会，每一个人都提出自己的问题儿童的案例。有的案例是关于懒惰的儿童的，有的是关于扰乱课堂的儿童的，有的是关于偷窃的儿童的，等等。老师描述自己的案例，心理学家根据自己的经验发表意见。然后大家讨论引起这些问题的原因是什么，这些状况是从什么时候开始的，我们应该怎么办。儿童的家庭生活和他整个的心理发展都会得到分析。所有人都各抒己见，然后决定应该怎么对待这些儿童。

接下来儿童和妈妈都会来到诊所。在决定了如何影响妈妈的方案之后，妈妈会先被请到诊所。心理学家会向妈妈解释孩子失败的原因，然后由妈妈发表自己的看法，心理学家再和妈妈进行讨论。通常来说，妈妈看到心理学家如此关注她的孩子会非常开心，也很乐意合作。如果妈妈不友好，甚至有敌对情绪，老师或心理学家会告诉她一些类似的案件，说说其他妈妈的情况，直到消除她的不良情绪。

最后，达成影响儿童的一致方法之后，儿童会被请到诊所。儿童会观察老师和心理学家，心理学家会和儿童交谈，但不是说他的错误。心理学家像在上课一样，以儿童能理解的方式客观地分析问题、问题产生的原因及阻碍其正常发展的观念。心理学家向儿童讲解为什么他会觉得自己总受压抑，而别的孩子较受欢迎；他是如何走向绝望、不再奢望成功的。

这一方法已经沿用了差不多15年之久，接受这一方法培训的老师感觉非常开心，不想放弃他们已经坚持了4年、6年或8年的咨询工作。

至于儿童，他们在这一工作中的收获是双倍的。那些原来的问题儿童变得健全——他们已经具备合作和勇敢的精神。那些没有去诊所的儿童也受益匪浅。当班上有情况出现，并有可能成为问题的时候，老师会提议所有学生一起来讨论。当然，讨论是由老师引导的，但所有学生都会参与，都有机会充分表达自己的看法。他们会分析问题的原因，如懒惰的问题，并最终得出一些结论。班上懒惰的孩子虽然不知道这些结论是针对他们的，但也会从讨论中学到很多东西。

在本章的结论部分，我们指出实现心理学和教育学融合的可能性。心理学和教育学是同一现实、同一问题的两个阶段。为了引导精神的发展，我们需要了解精神是如何运作的；而了解精神及其运作机制的人会不由自主地运用自己所学的知识将精神引向更高、更完整的目标。

第 十 一 章

外部环境的影响

个体心理学有关心理和教育的观点内涵非常广泛，它也没有忽略"外部世界的影响"。传统的内省心理学非常狭窄，为了处理它不能涵盖的问题，冯特（Wundt）认为有必要创建一门新的科学——社会心理学。而个体心理学同时兼顾社会和个体，因此没有必要建立新的学科。个体心理学既非只关注个体精神、排斥促进精神发展的外部环境，也非只关注环境、排斥特定个体的重要性。

　　教育者或老师永远都不应该认为他是儿童唯一的教育者。外部环境会影响儿童的心理，并直接或间接地塑造儿童，也就是说，我们可以通过影响父母，使父母达到某种精神境界，然后再由父母去影响儿童。所有外部因素的影响都是不可避免的，因此，都应列入我们的考虑之列。

　　首先，教育者应该考虑经济因素的影响。例如，我们应该知道，有些家庭世世代代都生活在窘迫的环境里——这些家庭一直深陷于怨恨和悲伤之中。这种怨恨和悲伤的感觉对父母的影响极为深刻，以致他们无法教给孩子健康、合作的态度。当人类处于惶恐不安之中时，是没有办法和他人合作的，来自贫困家庭的人正是受制于人类的这种思维局限。

其次，长期的半饥饿状态或很差的经济环境会影响父母和儿童的物质生活，而这又会产生严重的心理影响。我们可以通过欧洲战后出生的儿童来讨论这一问题。这些儿童比之前的儿童要难养育得多。除了经济环境及其对儿童发展的影响之外，父母对生理卫生的忽略也是重要的影响因素。这种忽略和父母对儿童提心吊胆、极其宠爱的态度密切相关。父母很宠爱儿童，生怕给他们带来任何痛苦。有些父母很疏忽，例如，他们认为儿童的脊柱弯曲会随着年龄的增长自然好转，因此没有及时就医。这当然是错误的，特别是在医疗非常方便的城市。生理上的不良状况如果没有得到及时矫正可能会导致严重的、危险的疾病，而这又会导致不良的心理创伤。所有的疾病在心理上都是"危险的角落"，应该尽可能地避免。

如果这些疾病不能避免，发展儿童勇敢、关心社会的态度会在很大程度上降低这些疾病带来的心理问题的危险性。事实上，可以说疾病只有在儿童没有社会情感的情况下才会影响其心理。和被宠坏的儿童相比，社会情感强烈、感觉自己是社会环境的一部分的儿童受疾病影响的程度要低很多。

记载的病例显示，心理问题经常始于百日咳、脑炎、舞蹈病等疾病。人们可能认为是这些疾病引发了儿童之后的心理问题，但事实上这些疾病只是使儿童本身隐藏的性格缺陷变得明显。生病期间，儿童感觉到了自己的力量，发现可以指使家人。在生病期间，他看到出于自己的原因，父母脸上充满了恐惧和焦虑。病好了之后，他还想继续成为父母关注的中心，于是，他不断给父母提出一些奇怪的要求，使父母处于自己的控制之中。当然，这只会发生在那些从来没有接受社会训练的儿童身上，这些儿童只要有机会就会显露其以自我为中心的努力。

有意思的是，有时候疾病有可能成为儿童性格改善的机会。有一位老师的第二个孩子是男孩，这个男孩让父母头疼不已，不知如何教育他。他有时候会离家出走，也是班上成绩最差的学生。有一天，正当父亲准备把他送到少年管教所去时，发现他患有髋关节结核。这种病需要父母长期的精心照顾。当男孩康复之后，他成了家里最棒的孩子。男孩所需要的就是生病带来的父母的特别关照。他以前叛逆的原因在于他觉得自己总是生活在优秀的哥哥的阴影之下。因为他不能像哥哥那样得到别人的欣赏，于是总是在反抗。但生病使他相信自己也可以像哥哥那样得到父母的欣赏，因此，他学会了好好表现。

关于疾病我们还要注意的是，儿童对于经历过的疾病有非常深刻的记忆。儿童从来都不知道会有危险的疾病和死亡这样的东西，他们对此感到吃惊和恐惧。疾病留下的印记在儿童后来的生活中会表现出来，因为我们发现他们中很多人对疾病和死亡情有独钟。其中有些人能合理利用他们对疾病的兴趣——他们可能成为医生或护士。但更多的人一直处于恐惧之中，他们深陷于疾病的阴影之中，无法从事有意义的工作。我们研究了超过100位女性的传记，发现几乎一半的人承认自己生活中最害怕的就是与疾病和死亡有关的想法。

父母必须注意不让童年时期的疾病给儿童留下太深的印象。面对这些事情时，父母要让儿童有所准备，不要让他们突然面对这样的事情。父母应该让儿童懂得，生命虽然有限，却足够我们做有意义的事情。

童年时期的另一个"危险的角落"是和陌生人、家人的熟人或朋友见面。由于这些人不是真的对儿童感兴趣，他们会犯各种错误。他们以逗孩子为乐，或者做一些能在短时间内影响儿童的事情。他们对儿童的表扬不着边际，使儿童变得自负。在与儿童相处的短时间内，他们千方百计地宠爱儿童，给儿童日常的教育者制造诸多麻烦。所有这些都应该避免，陌生人不应该干涉父母的教育方式。

另外，陌生人经常把儿童的性别弄错，把男孩称为"非常漂亮的小女孩"，或相反。这也应该避免，我们将在关于青春期的一章中讨论相关原因。

家庭大环境自然很重要，因为家庭环境显示了家庭参与社会生活的程度。或者说，家庭环境是儿童学会合作的第一场所。在孤立的家庭环境里长大的儿童会在家人和其他人之间划一道鸿沟。他们觉得家庭与外面的世界是隔绝的，认为外部环境都是不友好的、充满敌意的。孤立的家庭生活不能提升儿童的社会关系，它使儿童对外部环境总是持怀疑态度，只在意自己的利益。这样，儿童社会情感的发展就会受挫。

儿童在 3 岁的时候就应该能参与其他孩子的游戏，对于陌生人的出现不再恐惧不安。否则，在将来的生活中儿童会非常害羞、难为情，与人交往的时候很不自然，对人会有敌对态度。被宠坏的儿童一般都具有这一特征，这些儿童总是想"排斥"其他人。

如果父母能及早更正儿童的这些特征，在将来的生活中儿童会少很多困难和麻烦。如果儿童在 3 岁或 4 岁前受到了非常好的养育（学会了如何与他人玩耍、如何参与集体活动），他将来不但不会害羞、以自我为中心，也不会患上神经官能症甚至精神错乱。只有那些生活孤僻、对他人不感兴趣、不知如何与他人合作的人才可能发生精神错乱或患上神经官能症。

讨论家庭环境，我们可能需要提及由于经济条件改变而引发的困境。如果一个家庭曾经非常富有，特别是在儿童很小的时候很富有，之后经济条件变差了，很显然会产生困境。对于被宠坏的儿童来说，这一困境尤其严重，因为他们对于不能得到像之前那么多的关注没有丝毫的准备，他们会一直抱怨自己失去了曾经的优越条件。

如果家庭突然变得富有，对儿童的养育也会造成困难。对于如何恰当使用突然增多的财富，父母往往没有准备，在对待儿童方面尤其如此。他们想让孩子尽情快乐，想宠爱，甚至溺爱孩子，因为他们觉得自己现在不用再斤斤计较了。结果，我们发现很多问题儿童都来自新近变富的家庭。众所周知，当父亲突然变得富有，其儿子成为问题儿童的可能性就大大增加。

如果儿童学会了如何与他人合作，这些困境甚至灾难就可能避免。所有这些困境就如打开的门，让儿童有理由逃避学会必要的合作，因此，我们必须特别警惕。

不仅物质环境的异常（如贫穷和暴富）会影响儿童，心理环境的异常也会影响儿童。我们已经知道家庭的处境会带来一些心理伤害。这些伤害可能来自个人行为，如父母做了为社会所不齿的行为。在这种情况下，儿童的心理会受到重大伤害。面对未来，儿童会恐惧担忧、如履薄冰。他们不会对同伴敞开心扉，害怕别人发现自己有这样的父母。

父母不但有责任教儿童阅读、写作和算术知识，还有责任为他们的心理发展提供良好的基础，使他们在成长中不会面临比其他儿童更大的困难。因此，如果父亲嗜酒如命或脾气暴躁，他必须记住，他的这些行为都会影响儿童。如果父母婚姻不幸福，经常吵架，受伤最严重的也是儿童。

这些童年经历活生生地铭刻在儿童的灵魂深处，不能轻易抹去。当然，如果儿童学会了合作，就能够避免这些不良的影响。但是，他们生长的特殊环境使他们不可能从父母身上学会合作。这就是为什么近年来广泛兴起了在学校建立儿童咨询诊所的合作运动。如果父母因为这样或那样的原因不能履行自己的职责，这一工作就必须由接受过心理培训的老师来完成，老师能引导儿童过上健康的生活。

除了个人之间的偏见，民族、种族、宗教之间也存在偏见。这些偏见伤害的不仅仅是遭受羞辱的儿童，羞辱别人的孩子也会受到影响。他们会变得傲慢自负，认为自己具有特权。当他们依照自己树立的特权标准去生活时，却往往会以失败告终。

民族和种族偏见是导致战争的基本原因——战争是人类的巨大灾难，要拯救人类的进步和文化，就必须消灭战争。教师的任务是向儿童展示战争的真正面目，不让儿童在舞枪弄棒的游戏中轻松地表现自己对优越性的追求。这种教育方式不适合文明社会。很多参军的男孩就是由于在童年时代接受了军事教育。但是，除了这些参军的人，更多的人由于童年时代军事游戏的影响，在之后的生活中变得心理不健全。他们一生都好斗——好寻衅打架，永远都学不会如何与同伴友好相处。

圣诞节及其他节日是儿童接收玩具的时间，父母应该特别留意他们收到的玩具和游戏用具，去除武器和战争类的玩具，包括那些崇拜战争英雄和战争行为的书籍。

关于如何给儿童选择合适的玩具我们可以长篇大论，但基本原则是：我们应该选择那些能让儿童在玩乐中激发合作精神和建设性意识的玩具。很好理解的是，那些能让儿童动手组装的玩具比那些已经做好的或现成的玩具（如只是让儿童抚摸娃娃或一只玩具狗）更有价值。顺便提一下，我们不应让儿童把动物当成玩具或游戏用具，而应该把它们当成人类的好朋友。儿童既不应该害怕动物，也不应该对它们发号施令或虐待它们。当儿童对动物表现得残忍冷酷时，他们很有可能支配和欺凌那些比他们弱小的人。如果家里养了鸟类、狗或猫等动物，我们应该教育儿童把动物当成和人类一样能感受痛苦的有生命的个体。学会与动物友好相处可以为以后与人合作做好准备。

儿童总是有各种亲戚，首先是祖父母。我们必须以公平公正的态度来考察祖父母的情况和处境。在我们的文化中，祖父母的地位是比较悲惨的。随着年龄的增长，人们发展的空间应该是越来越大的，应该有更多的娱乐和兴趣，但在我们的社会中却是相反的。老年人感觉自己被抛弃，也就是说，被流放到了一个角落。这是一种遗憾，因为如果老人有更多工作和奋斗的机会，他们可能会取得比现在大得多的成就，也可能比现在快乐得多。我们永远都不要建议 60 岁、70 岁，甚至 80 岁的人从自己所从事的事业里退出，继续原来的事业比改变整个生活模式要容易得多。但由于我们错误的社会习俗，当老年人还精力充沛的时候就将他们闲置一边，不给他们继续展示自我的机会。结果发生了什么呢？我们对待祖父母的错误方式反弹到了儿童身上。祖父母总是要证明他们还很有活力，对世界还有价值——他们本来不必证明这一点。为了证明这一点，他们总是干涉孙辈的教育，对孙儿极度宠爱。祖父母试图证明自己对于儿童教养还是很在行的，而这对于儿童来说无异于灾难。

我们应该避免伤害这些好心的老人。但除了给他们提供更多活动的机会之外，我们应该让他们知道，儿童应该成长为独立的人而不是其他人的玩具，也不应该是应对家庭紧急状况的工具。如果老人和孩子的父母有争执，就让大人自己一争高下，绝不要试图把孩子拉到自己的阵营里。

我们在研究心理疾病患者经历的时候，经常发现他们是祖母或祖父最宠爱的孩子！我们马上知道，祖父母的宠爱是如何使他们的童年陷入困境的。最受宠的孩子要么被溺爱，要么会引起其他兄弟姐妹的竞争和嫉妒。也有很多儿童对自己说："我是祖父母最宠爱的孩子。"如果不是其他人最喜欢的孩子，他们会觉得自己受到了伤害。

在其他亲戚中，"聪明的表（堂）兄弟姐妹"也有着重要作用。他们可能被认为是讨厌的人。有时候他们不仅仅聪明，还很漂亮，我们很容易就明白这会给儿童带来多大的麻烦——他总是被提醒他有一个聪明或漂亮的表兄弟或表姐妹。如果儿童有勇气，而且具有社会意识，他就会明白聪明只是意味着更好的学习和训练，就会找到某种方法来超越表兄弟或表姐妹。但如果他相信聪明是天生的（大多数人这样认为），他就会感到自卑，感觉命运对自己很不公平。至于漂亮，肯定是上天赐予的，但在我们的文化中总是被看得太重。我们也知道，当儿童因自己有一个漂亮的表兄弟或表姐妹而感到难受的时候，他就有可能形成错误的行为方式。即使20年之后，人们还是能强烈地感受到童年时期对漂亮的表兄弟或表姐妹的嫉妒。

对于美貌的崇拜会给儿童带来不良影响，消除这一影响的唯一途径是让儿童明白健康和与他人友好相处的能力比漂亮更为重要。在这里我们并不是要否认漂亮的价值，与丑陋的人相比，我们当然更喜欢漂亮的人。但我们在合理规划事情的时候，不能把某一种价值孤立出来，当成至高无上的目标。而这正是人们对于漂亮的态度。在犯罪人员中，有些长得相当漂亮，有些很丑陋。这一事实证明漂亮并不足以带来理性、美好的生活。我们可以理解这些帅气的男孩是如何成为犯罪分子的。他们知道自己很帅，因而认为理应得到所有东西。因此，他们对于生活没有恰当的准备。然而，后来他们发现不努力就不能解决自己的问题，所以他们就选择用难度最小的方式来解决问题。正如古罗马诗人维吉尔所说："坠入地狱之路最容易……"

我们还应该说说儿童阅读材料的问题。我们应该让儿童阅读什么样的书籍？如何看待童话故事？如何给儿童阅读像《圣经》一类的书籍？值得重视的是，儿童理解事物的方式与成人截然不同，而我们往往都忽略了这一事实。我们也忽略了另一事实，即每一个儿童都是以自己的特殊兴趣来理解事物的。胆怯的儿童在《圣经》和童话故事中会发现一些能让他胆怯的故事，使他总是害怕危险。为了保证儿童获取故事想要传达的意义，而不是他自己主观、虚幻的解读，童话故事和《圣经》段落的阅读需要成人的评论和解释。

阅读童话故事当然是一件让人很享受的事情，甚至成人都能从中受益匪浅。但童话故事中有一点必须得到修正，即故事的距离感。童话故事总是远离特定的时间和地点，儿童很少能理解时间差异和文化差异。他们读的童话故事写于很久以前，但他们不明白这种时间差异。童话故事里总是有王子，王子总是受到表扬和美化，他的整个人格显得非常迷人。故事中描述的情境当然不曾存在，只是在一定时期因为必须崇拜王子，而对王子进行了理想化的虚构。我们应该告知儿童这些事实，他们应该知道神奇的事情其实只是幻想，否则他们长大后可能也总想寻求轻而易举的方法来解决问题。就如某个 12 岁的男孩，当我们问他长大后想干什么的时候，他答道："我想成为一位魔术师。"

给童话故事增加恰当的评论，就可以促使儿童形成合作意识，并扩大他们的视野。至于动画片，可以说，带 1 岁的孩子去看电影是不会有不良影响的，但 1 岁之后的儿童总是会误解画面，甚至童话剧也经常被他们误解。一个 4 岁的孩子在剧院看了某个童话故事，多年以后，他可能仍然相信这个世界上有卖毒苹果的女人。很多儿童不能正确理解主题，或者把主题泛化到所有领域。父母有责任跟儿童作出解释，直到他们对故事情节有正确的理解。

儿童完全没有必要阅读报纸，以免受到这一外在因素的不良影响。报纸的对象是成人，不包含儿童的观点。在某些地方有专门针对儿童的报纸，这对儿童的发展是有利的。但普通的报纸给毫无准备的儿童呈现的是扭曲的生活图景。儿童开始相信我们的生活中充满了谋杀、犯罪和事故。特别是对于事故的报道会让年幼的儿童感到压抑。我们可以从一些成年人的谈话中知道他们在童年时期是多么害怕火灾，这种恐惧一直困扰着他们的心灵。

以上例子中讨论的外部因素只是父母和教育者在儿童教育中必须考虑的外部因素的一小部分。然而，这些是最重要的部分，说明了一般性原则。我们必须一次又一次地重申个体心理学的口号："社会兴趣"和"勇气"。这两个口号能很好地解释这些问题，也同样适用于其他问题。

第 十 二 章

青春期和性教育

关于青少年的著作可谓汗牛充栋。这一主题确实很重要，但并不像人们想象的那般重要。青少年并非都一样：我们在这一群体中可以找到各种儿童——勤奋的、笨拙的、穿戴整洁的、脏兮兮到处跑的等。我们也发现有些成年人，甚至老年人无论外表还是行为都像青少年。在个体心理学看来这并不奇怪，仅仅表明这些成年人在某一发展阶段就停止成长了。在个体心理学看来，青春期实质上是所有个体都必须经历的一个发展阶段。我们并不认为某一发展阶段或某一情境会改变一个人。但同新的环境一样，青春期就像一项测试，把青少年过去发展形成的个性特征展现出来。

例如，一个孩子在童年时期被严密监管和看护，没有体验过自己的力量，不能表达自己想要的东西。在青春期，儿童的生理和心理都得到快速发展，这样的儿童就会和童年时期有截然不同的表现，似乎变了个人。他会迅速发展，人格也会得到健康的发展。而有些儿童会停止发展，开始回顾过去，但回顾过去无法帮助他们找到当下正确的道路。因此，他们对生活失去了兴趣，变得十分沉默。但这并不代表他们的童年倍受压抑，然后在青春期释放童年时期被压抑的精力；相反，这表明他们在童年受到溺爱，因而没有为生活做好准备。

青春期使我们比之前更理解一个人的生活方式。原因当然在于青春期比童年时期更接近现在的生活。在青春期，我们能更清楚地看出儿童对于学科的态度，看出他是否能轻松地交上朋友，是否关心他人利益，是不是一个友善的人。

有时候这种社会兴趣（social interests）不但不缺乏，反而会表现得很夸张。我们遇到一些青少年在这一方面失去了平衡感，一心只想牺牲自己成全别人。他们这是矫枉过正，而这可能对于他们的发展也是不利的。众所周知，如果一个人真的想为别人做点什么，想为公共事业而奋斗，他必须先照顾好自己。如果他想给予别人有意义的东西，自身就必须先具备有意义的东西。

此外，我们看到很多14到20岁的青少年完全没有社会情感。他们14岁时就已经离开学校，因而没有机会再与老朋友接触。他们要花很长时间才能建立新的人际关系，同时感觉自己被完全孤立了。

然后是职业的问题。青春期也能很好地解释这些问题，会揭示他们在生活方式中形成的态度。我们发现，有些青少年变得非常独立，工作极为出色。这表明他们处于发展的正确道路上。然而，其他青少年在这一阶段会停滞下来。他们找不到适合自己的职业，他们不停地改变，或者改变行业，或者改变学校，等等。要不然他们就游手好闲，完全不想工作。

所有这些状况都不是在青春期产生的，只是在这一时期更清楚地显示出来，也就是说，这些问题由来已久。如果我们真正了解某个儿童，知道他在童年时期受到了监管、看护和限制，就能预测当他在青春期有机会更独立地表现自我时会出现哪些行为。

我们现在转到生活中的第三个基本问题——爱与婚姻。青少年对这一问题的回答显示了他的人格。需要再次说明的是，这和前青春期并不是截然断开的，只是青春期心理活动加强，使得这一问题的答案比之前更清楚而已。我们发现，有些青少年对于自己必须怎样行动信心十足。他们对爱情要么非常浪漫，要么非常勇敢。不论什么情况，他们都能找到对待异性的正确方式。

另一些青少年则处于另一个极端，他们对于性的问题变得特别害羞。可以说，他们现在更接近爱情问题，因而更表现出他们对这一问题的准备不足。我们有可能从青春期的人格迹象准确地预测他们未来的行为模式。由此我们就能知道，如果想改变他们未来的行为模式，我们现在必须做什么。

如果青少年对异性持非常消极的态度，追溯他的生活，我们就会发现他很有可能是好斗的儿童。也许因为家里其他孩子更受喜爱，他感觉非常压抑。结果他相信自己现在必须勇往直前，必须表现得很傲慢，拒绝所有情感的呼唤。因此，他对于异性的态度只是他童年经历的一种反射而已。

青春期的孩子经常有离家出走的欲望。这也许是因为一直以来他们对于家庭状况都不满意，因而非常渴望脱离家庭。虽然持续的家庭支持最符合青少年和父母的利益，但他们不想再要家里的支持。此外，万一孩子出现了什么问题，缺乏父母的支持就会成为他失败的借口。

有些孩子虽然待在家里，但只要有机会，他们就会晚上跑出去玩，这和青春期的趋势是一样的，只是表现的程度要轻一点。晚上外出玩乐当然比安静地待在家里更具诱惑力。这也是对家庭间接的谴责，表明儿童在家总是被监管和看护，感到不自由。因此，他从来都没有机会表现自我，找出自己的错误之处，而青春期是开始犯错误的危险时期。

许多孩子在青春期感觉自己突然失宠了，这种感觉比童年期更为强烈。他们也许曾经是学校的好学生，受到老师的高度赞赏，然后突然转到了一个新的学校，或者一个新的社交环境，或者换了一种新的职业。结果，就如我们也知道的，学校最好的学生进入青春期后不再是好学生了。他们似乎经历了一种蜕变，但实际上他们并没有改变，只是旧环境没有像新环境一样把他们的性格特征真实地反映出来。

从上面的讨论中可以看出：预防青春期产生麻烦的最好

的方法之一是培养孩子之间的友谊。孩子们应该成为彼此的玩伴和朋友。孩子也应该与家庭成员及家庭以外的人员成为好朋友。家庭成员之间应该相互信任。孩子应该信任父母和老师。确实，虽然孩子在青春期前对父母或老师言听计从，但只有得到孩子信任的父母或老师才能在青春期继续引导他们。其他类型的父母和老师在这一阶段会马上遭到孩子的排斥；孩子不会跟他们分享任何秘密，完全把他们当成局外人，甚至是仇人。

我们会发现，女孩正是在这个年龄阶段开始表现出对女性角色的厌恶，开始模仿男孩。而模仿青春期男孩的不良习性，如吸烟喝酒和加入团伙，比模仿需要努力才能达成的美德容易得多。女孩子也有借口，那就是如果她们不模仿这些行为，男孩对她们就不感兴趣。

如果我们仔细分析这些喜欢在青春期模仿男孩的女孩，会发现这些女孩从一开始就没有喜欢过自己的女性角色。然而，这种厌恶之前被掩盖起来了，只有在青春期才清楚地表现出来。观察这一阶段女孩的行为非常重要，因为我们能在这段时间发现她们将来对于自身性别的态度。

这一阶段的男孩经常喜欢扮演非常有智慧、勇敢和自信的男人。另一些男孩害怕面对自己的问题，不相信自己能成为真正的、完整的好男人。如果他们的教育中存在男性性别教育的问题，在这一阶段就会显示出来。他们会显得女里女

169

气，行为像女生，甚至会模仿女生的一些不良习性，如喜欢卖弄风情、搔首弄姿等。

与这一类极端女性化的男孩相反，有一类男孩的男性特征非常突出，甚至可能达到了另一个不好的极端。他们很擅长喝酒，过度性交，有时候甚至会犯罪，只希望能展示自己的男性魅力。想成为超人、领导者或想使同伴对他们刮目相看的男孩更容易表现出这些不良行为。

然而，虽然这类男孩表现得勇敢无比、有雄心壮志，但他们的内心却隐藏着懦弱。最近在美国有一些这样的坏榜样，像希克曼、利奥波德和勒布等。观察他们的生活轨迹，我们会发现他们对生活中的困难准备不足，总想寻求成功的便捷之道。这些人头脑灵活，但勇气不足，具备这两种特征的人最容易走上犯罪的道路。

我们经常发现，孩子会在青春期第一次出现让父母吃惊的行为。如果没有考虑到孩子行为背后隐藏的人格一致性，人们就会认为这些孩子是突然发生了改变。但是，如果仔细考察以前发生的事情，我们就会明白，孩子的性格并没有发生改变，只是现在他更有力量，也更可能把自己的力量付诸行动。

我们另外还要考虑的一点是，每个孩子在青春期都觉得自己面临一项测试——必须证明自己不再是孩子。这一测试当然只是一种不可信的感觉，暗含着危险，因为每当人们觉得必须证明一件事情的时候，就很有可能走极端。青春期的孩子也是如此。

这确实是青春期最明显的症状之一。对付这一症状的方法是向孩子解释，他没有必要向我们证明他不再是孩子，我们不需要证明。这样做就有可能避免形成我们前面提到的那些夸张的特征。

我们经常发现有些女孩会过分看重与异性的关系，变成"男孩控"。这些女孩总是和妈妈斗争，认为自己受到了压制（她们有可能真的受到了压制）。为了发泄对妈妈的不满，她们有可能和任何男人发生性关系。一想到妈妈得知她们和男人发生性关系后会痛苦万分，她们就感到欢欣喜悦。很多青春期的女孩在与妈妈发生争吵或是因为父亲过于严厉而离家出走后，第一次与男人发生了性关系。

为了让孩子成为好女孩，父母压抑、管制她们，讽刺的是，由于父母不懂得孩子的心理需求，反而促使她们变成了坏女孩。这种情况下，错的不是女孩，而是她们的父母，因为他们没有让女孩为必须面对的情境做好准备。他们在青春期前对女孩过度保护，使她们没有发展面对青春期诱惑所必须具备的判断能力和自主能力。

有时候这些困境并没有在青春期表现出来，而是在青春期后的婚姻中表现出来。但基本的原则是一样的。只是因为在青春期这些女孩很幸运，没有碰到不利的情境。但不利的情境迟早会出现，我们必须让孩子做好相关的准备。

　　我们用一个女孩具体的经历来详细说明青春期女孩的问题。这个女孩 15 岁，家里非常贫穷。不幸的是，她的哥哥总是生病，需要妈妈的特别照顾。从童年早期开始女孩就感觉自己和哥哥受到的关注不同。更糟糕的是，她出生后父亲身体也不好了，母亲必须照顾父亲和哥哥两个人。女孩目睹了两个人被照顾、被关注是怎么回事，因此，她极度渴望被照顾、被关注。但在家里她不可能找到这种关注，特别是不久后妹妹降生，剥夺了她仅有的那一点被关注的权利。就好像命运的安排一样，妹妹降生后父亲的身体好转，因此妹妹得到的关注比她小时候更多。孩子留意到了这些事情。

　　为了弥补家里缺失的关注，女孩在学校拼命学习。她成了班上成绩最好的学生，因为成绩好，她被推荐继续学习，一直读到了大学。但她进入大学后，情况发生了一些变化。她的学习成绩不再那么优秀了，原因在于她的新老师并不认识她，没有特别关注她。而她特别渴望被欣赏，现在家里和学校都无法满足她的这一渴望了。因此，她想寻找一个男人，能欣赏她、关注她。她和一个男人一起住了两个星期之后，那个男人厌倦了她。我们本来可以预料到她应该意识到了这不是她渴望的欣赏。同时，她的家人开始担心她，到处寻找她。突然家人接到了她的一封信，说："我服了毒药，别担心，我很快乐。"很显然，寻求快乐和欣赏无果之后，自杀是她下一步想做的事情。然而，她没有自杀，她只是想用自杀来取得父母的原谅。她继续在街上流浪，直到有一天母亲发现了她，把她带回了家。

如我们所知，如果女孩知道她过去的人生都是在努力获得别人的欣赏，那么所有的事情都可能不会发生。如果大学老师知道她一直以来学习都非常好，她需要的就是得到某种关注和欣赏，悲剧也不会发生。如果女孩经历中任何一个环节能正确处理她的问题，都可以让她免于毁灭。

这提出了性教育的问题。近年来，性教育的问题被可怕地夸大了。可以说，很多人对性教育非常疯狂。他们认为在任何年龄阶段都要进行性教育，但他们夸大了性无知的危险性。然而，回顾我们自己和其他人的经历，会发现性教育既不像有些人想象的那么难，也不像有些人认为的那么危险。

个体心理学的经验是：应该在儿童两岁的时候就告诉他们自己的性别，让他们知道自己是男孩还是女孩。同时，应该跟他们解释清楚，他们的性别是不可以更改的，男孩长大后会成为男人，女孩长大后会成为女人。如果做到了这一点，即使欠缺其他知识，也不是那么危险了。如果儿童清楚地知道女孩不会接受像男孩那样的教育，男孩也不会接受像女孩那样的教育，那儿童内心对自己的性别认识就固定了，并会以正常的方式来发展和准备自己的性别角色。但是，如果儿童认为通过一些方法可以改变自己的性别，就会导致一系列的困难和麻烦。如果父母总是表示希望改变自己孩子的性别，也会导致很多困难。《孤寂深渊》（*The Well of Loneliness*）的主人公就是文学作品里很好的例子。父母经常喜欢把女孩当成男孩来教育或者把男孩当成女孩来教育。他们给孩子穿上异性的服装来照相。有时候，女孩看起来像男孩，周围的人就开始把她当成男孩。这可能使儿童极为困惑，而这一困惑本来是完全可以避免的。

我们也应该避免任何有关贬低女性、认为男性高人一等的讨论。应该教育儿童，男女两性具有同等价值、同等意义。这不仅对防止女性产生自卑情结有重要作用，对避免对男性的不良影响也具有重要意义。如果男孩接受的教育不是男性具有高人一等的特权，他们就不会仅仅把女性当成泄欲的对象。如果他们理解将来的任务，也不会以丑陋的眼光来看待两性之间的关系。

换言之，性教育的真正问题不仅仅是跟儿童解释性关系的生理方面，它还涉及儿童是否对爱和婚姻有正确的态度准备，这与社会适应问题密切相关。如果一个人没有很好地适应社会，他就会以两性关系来开玩笑，而且完全只任性地从自我来看待事情。这种情况显然经常发生，是我们文化缺陷的反映。因为在我们的文化中男人更容易处于主导地位，因此女人就不得不承受这些不公平的待遇。但男人其实也遭受了不公，因为由于这些虚假的优越性，他们脱离了内在的价值。

至于儿童接受性教育的年龄阶段，我们认为，儿童没有必要过早接受性教育。可以等到儿童开始对性产生好奇、想要知道某些事情的答案的时候再开始性教育。如果孩子过于害羞，不敢提出问题，关注孩子的父母也会知道什么时候适合引导孩子。儿童如果觉得父母是可以信赖的人，他就会提出问题，然后父母就可以根据孩子的理解水平来回答问题。在回答问题时，我们必须避免刺激儿童的性冲动。

在这一方面，我们不必总是对表面上的性成熟表现得过于紧张。性发展很早就开始了，事实上从婴儿出生的第一个星期就开始了。我们完全可以肯定，婴儿也会体验到性高潮，有时候还会通过刺激性敏感区寻求快感。如果看到儿童开始出现这些让人难堪的行为，我们不应大惊失色，而应装作不是特别在意，并尽力阻止这些行为。如果儿童发现我们特别担心这些事情，就会故意继续这些习惯，以获得关注。当儿童真的利用一种习惯作为获得关注的工具时，我们认为，儿童已经成为性冲动的受害者。一般来说，幼儿试图通过玩生殖器来获得成人的关注，因为他们知道父母担心他们的这些行为。这和儿童假装生病的心理是一样的，因为他们注意到，当他们生病的时候，父母更加宠爱，关注他们。

我们不应该过多地亲吻和拥抱孩子，以免刺激他们的身体。这对于孩子，特别是青春期的孩子而言是非常痛苦的。我们也不应该在精神上给儿童性刺激。儿童经常会在父亲的书里发现一些色情图片，我们在心理诊所经常听到这些情况。儿童不应该接触那些超过他们年龄阶段的、有关性的书籍，也不应该观看以性为主题的电影。

如果避免了所有这些过早的刺激，我们就不用担心儿童的性问题。我们只需要在恰当的时候给予简单的解释，不刺激儿童，总是以真实而简单的方式来回答他们的问题。最重要的是，如果要保持儿童对我们的信任，千万不要对他们说谎。如果儿童信任父母，对于从同伴那里听来的有关性的解释就会有所保留（也许 90% 的人是从同伴那里获得性知识的），而相信父母所说的是真的。相对于父母在这种情况下使用的各种遁词和借口，这种合作和朋友般的关系要重要得多。

过多或过早经历性的孩子一般在后来的生活中会回避性。这也是为什么父母做爱时应该注意不让孩子看到。如果条件允许，孩子不应该与父母同房睡觉，当然更不要同床。同样，姐妹和兄弟也不应该睡在同一间房。父母必须时刻注意孩子的行为，也要关注外部环境的影响。

上面所说的概括了性教育中最重要的内容。就如其他阶段的教育一样，在这里我们也可以看到家庭中的合作意识和友好氛围有着极为重要的作用。有了这种合作意识，加上有关性别角色的早期知识和男女平等的观念，儿童就有充足的准备来应对可能遇到的各种危险。最重要的是，他准备好了以健康的方式继续生活和工作。

第 十 三 章

教育的失误

在养育孩子的过程中，父母和教师必须永远阻止那些让孩子灰心丧气的事情。当儿童的努力没有取得立竿见影的效果时，我们不应让他们感到绝望；不要因为儿童无精打采、缺乏兴趣或特别消极就预言他们将一事无成；也不应该让某种错误的观念——有些孩子很有天分，有些孩子没有天分——影响儿童。个体心理学认为，我们应该给予所有的儿童更多的勇气和自信，以促进他们的智力发展；要让儿童明白困难不是不可逾越的阻碍，而只是需要面对和解决的问题。努力不一定带来成功，但成功的案例足以弥补那些没有结果的案例。下面这个案例很有意思，可以看到我们的努力带来的成功。

这是一个12岁的六年级学生的案例。他过去的成绩非常糟糕，这让他苦恼万分。他的经历非常不幸：由于得了软骨病，他直到3岁才会走路，快到4岁的时候还只会讲一点点话。4岁的时候母亲带他去看了心理医生，医生说他的情况不可救药。然而，妈妈不相信，把他送去了一个儿童指导中心。在那里他发展得还是很缓慢，没有太多的起色。到他6岁的时候，家人

179

决定送他去上学。上学的前两年他在家里接受了额外的辅导，因此能够通过学校的考试。他勉强读了三年级和四年级。

男孩在学校和家里的情况是这样的：在学校，他因懒惰而得到大家的注意。他抱怨自己无法集中注意力，不能专注地听老师讲课。他和同学的关系也不好，总是被同学嘲笑，总是表现得比别人弱。在所有的同学中，他只有一个朋友，他非常喜欢这个朋友，经常和他散步。他发现其他孩子都不友好，很难和他们接触。尽管老师相信男孩能做得和其他同学一样好，但也挑剔他数学很差，写作不好。

通过分析男孩过去的经历和他能做的事情，我们可以清楚地知道，对男孩的治疗是建立在错误的诊断之上的。这是一个饱受强烈自卑折磨的儿童，简单地说，他有自卑情结。男孩有一个哥哥发展得很不错。父母说，即使他哥哥不学习也可以进入大学。父母喜欢声称他们的孩子不用学习任何东西，而孩子们自己也喜欢吹嘘这一点。很明显，完全不学习是不可能的。哥哥可能是学会了在教室专心听讲，尽最大努力学习，记住了他在课堂上听到和看到的知识。那些在学校不那么专注的儿童就必须回家继续学习了。

这两个男孩的差异多大呀！我们的小男孩肯定经常感到沉重、压抑，不得不承认自己不如哥哥能干，远不如哥哥有价值。他可能听到母亲在生他气的时候就经常这样说，或者，哥哥也经常叫他傻瓜或白痴，这真是够他受的。他妈妈说，当他不听哥哥话的时候，哥哥经常踢他。这就是我们得到的结果：与其他人相比，男孩相信自己是毫无价值的人。生活似乎确认了他的信念。同学嘲笑他，学校作业总是出错，他不能集中注意力。每一个困难都会让他心惊胆战。他的老师一次又一次地告诉他，他不属于那个班级、那个学校。很自然地，孩子最终相信他不可能逃出现在的处境，认为别人对他的说法都是正确的。一个孩子如此灰心丧气，对未来没有信心，这是多么令人心痛的事情呀！我们很容易就能判断出一个孩子已经丧失了信心，不是因为我们兴高采烈地和他聊天的时候他会发抖、脸色苍白，而是从他的一些习惯性的小动作中就可看出来。当我们问他多大的时候（我们知道他是12岁），他回答："11岁。"我们认为，这绝对不是无心的错误，因为大多数孩子都准确地知道自己的年龄。事实经常证明这些错误是有深层原因的。考虑到这个孩子的生活经历，联系他回答的年龄，我们对他的印象是他试图重温过去。他想回到过去，回到比现在更小、更弱、更需要帮助的时候。

我们可以根据我们已经掌握的事实来重建他的信心。他不是试图通过完成他这个年纪的儿童一般都能做的事情来拯救自己，而是相信他的发展不如别人，不能和别人竞争，并把这种信念付诸行动。减少自己的年龄表明了他自我感觉不如别人的心理状态。有可能他回答11岁，而在某些情境中的行为像是5岁。他坚信自己不如别人，并试图让所有的活动都与这种假设的落后状态相匹配。

他白天还会尿裤子，也不能控制大便。当儿童相信或者想相信自己仍然是婴儿的时候就会出现这些症状。这些都确认了我们的说法，即这个男孩想抓住过去，如果有可能，他想回到过去。

男孩家里有一个保姆，这个保姆在他出生之前就在他家了。她非常喜欢这个男孩，只要有可能，她就会取代妈妈的角色，做孩子的支持者。我们可以得出进一步的结论。我们已经知道男孩是如何生活的，知道他早上不想起床。当描述他要多久才能起床时，家人表现出极为厌恶的神情。我们的结论是：这个男孩不想上学。一个和同学相处不好、感觉自己受到压迫、不相信自己能做任何事的人不可能喜欢上学。结果，他不想在早上按时起床去上学。

然而，他的保姆说他是想去上学的。事实上，最近他生病的时候请求允许他起床。这和我们所说的一点也不矛盾。"保姆怎么会犯这样的错误？"这个事情很清楚，也很有趣。当他生病的时候，他是允许自己说想去上学的，因为他很确定他的保姆会说："你生病了，不能去上学。"然而，他的家人并不理解这些看似矛盾的事情，对于应该怎么教育这个孩子一筹莫展。通过多次观察，我们发现保姆也不能理解孩子真正的想法。

之前发生的一件事情直接促使这个男孩的家人把他带到

了我们面前：他从保姆那里偷钱去买糖。这也表明他像小孩一样行动——拿钱去买糖是特别幼稚的行为。很年幼的孩子无法控制买糖果的欲望，会这样拿钱去买，也无法控制大小便。这种行为的心理学意义是："你必须看着我，否则我就会捣蛋。"男孩总是会创造一些情境，使得大人总是关注他，因为他对自己没有信心。当我们比较他在学校和家里的情况时就会很清楚。在家里他能使家人关注他，但在学校他不能。谁曾经尝试纠正这个男孩的行为呢？

在男孩被带到我们这里之前，他被认为是落后的、差劲的儿童，但他根本不是这样的孩子。只要他重新树立自信心，就能成为一个完全正常的孩子，和其他任何同学一样取得成功。他总是对事物抱有悲观的态度，在没有尝试之前就接受了失败。他的每一个动作都表明他缺乏信心，老师的描述也证实了这一点："不能集中注意力，记忆力差，心不在焉，没有朋友，等等。"他的挫折感如此明显，以至于没有人可以视而不见，而环境又对他如此不利，以至于他难以改变自己的观点。

填写完我们的个体心理问卷后会有咨询环节。我们不但要见孩子，还要见一整群人。首先是妈妈。妈妈很久以前就对他不再抱有希望，只是希望他能继续上学，最终能找点事情来做。其次是哥哥。哥哥看不起弟弟，对他很轻视。

对于"你长大后想干什么"这一问题，这个男孩自然没有答案。这非常典型，一个半大的孩子真的不知道自己将来想干什么是非常值得怀疑的。确实，人们一般不会从事童年时期选择的职业，但那没有关系，至少，他们是有理想指引的。儿童在早期想成为总统、守门人、售票员或者任何在他们天真的眼里可见的、吸引人的职业。但如果儿童没有明确的、从自身经历出发的目标，很可能是他不想去看未来，想逃避未来及一切与未来相关的问题。

这似乎与个体心理学的一个基本主张相矛盾。我们一直在说儿童有追求卓越的性格特征，每一个孩子都想展示自己，变得比别人强大，想获得成功。突然，我们看到这个孩子几乎是处于相反的一端：他想后退，想变小，想要别人支持他。怎么解释这一点呢？精神生活的运作绝对不是简单低级的，通常有复杂的背景。从复杂的情况中得出幼稚的结论总是错误的。所有这些复杂的事物都具有欺骗性，除非对事物的来龙去脉有清晰的了解，否则任何辩证地、试图从事物中得出与事物本身相反的东西都是令人困惑的。例如，那个男孩是在挣扎着后退，因为这样他就会显得最强大，而且处于最安全的位置。事实上，很有趣的是，这些孩子是正确的。当他们真的是最小、最弱和最无助的时候，也就是他们最强大或强势的时候，而且人们对他们没有任何要求。这个孩子没有自信，担心自己会一事无成。那么，我们能认为他会自愿面对一个对他有所期待的未来吗？只要以力量和能力来衡量作为个体的他，他都避之唯恐不及。因此，除了极少量几乎不需要努力的活动之外，他还能做什么呢？这样我们就明白，他只想在极少的事情上努力获得认可，并且是那种他很小的时候依赖他人而获得的认可。

我们不但必须与男孩的老师、妈妈和哥哥会谈，也要和他的爸爸及我的同事会谈。这样一系列的会谈工作量很大，如果我们能赢得老师的合作，就可以节省大量的工作。这并非不可能，但也不容易。很多老师仍然固守传统的方法，认为心理测试是多余的。很多老师要么担心心理测试会降低他们的权威，要么认为心理测试的干预效果得不到保证。当然，事实并非如此。心理学并非一蹴而就的科学，它需要不断地学习和实践。然而，当人们对它持有错误观点的时候，它的作用就极其有限。

宽容是人们必备的品质，对于教师而言尤其如此。对新的心理学观念保持开放的心态才是明智之举，即便它们看起来与我们现有的观点相抵触。在当今环境下，我们无权直接反驳老师的观点。那么在这种困难的情境中我们应该怎么做呢？依我们的经验，面对这种情况，只能把孩子带离目前的困境，也就是说，让他离开之前的学校。这样做不会伤害到任何人。男孩会进入一个新的环境，没有人了解他。他可以小心翼翼，不让别人认为他很差劲，不让别人轻视他。具体如何安排不那么容易解释清楚。在这一过程中，家庭环境有极其重要的作用。也许不同的案例处理方式稍有不同，但是如果有一大批老师精通个体心理学，能用理解的眼光来看待这些案例中的儿童，并在学校帮助他们，对这些儿童的教育就会轻松很多。

第 十 四 章

对父母的教育

就如我们前面几次提到的，这本书的读者对象包括父母和教师，两者同样都能受益于新心理学对儿童精神生活的洞察。在最后这一章，我们要说的是，只要儿童能得到良好的教育，其教育和发展主要是在父母的帮助下进行的还是在老师的支持下进行的其实并不重要。我们这里指的当然是课外教育，即人格的发展（教育最重要的组成部分），而不是各个科目的学习。虽然父母和教师对教育都有所贡献——父母能纠正学校教育的偏差，老师能纠正家庭教育的偏差——但在大城市里，在现代社会和经济条件下，教师确实承担了更多的责任。总体来说，父母不像教师那样容易接受新思想，因为儿童教育是教师的专业所在。因此，如果个体心理学希望为儿童的将来做好准备，主要应该转变学校和教师的观念。当然，父母的合作永远都是受欢迎的。

这样，教师的教育工作不可避免地会和父母产生冲突。这是因为教师的纠正工作在某种程度上预设了父母教育的失败。在一定意义上，这是对父母的一种谴责，父母经常能感觉到这一点。教师在这种情况下如何处理和父母的关系呢？

接下来我们就讨论这个问题。当然，我们是从教师的角度来写的，教师需要把父母的问题作为一个心理问题来处理。如果做父母的读到了这些话语，也不需要生气，因为这只是针对那些不明智的父母，是那些父母使教师必须处理这种普遍的现象。

很多教师说，面对问题儿童的父母比面对问题儿童本人还要艰难。这一事实表明教师在这一过程中需要有一些技能。教师的行动必须一直坚持这一假设：问题儿童表现出的不良品质不应该全部由父母负责。毕竟父母不具备专业的教学技能，通常是根据传统来教育儿童。当他们因为孩子而被请去学校的时候，感觉自己像被控告的罪犯。这种情绪虽然说明父母已经从内心意识到自己有错误，但教师在处理的时候要非常有技巧。因此，在这种情况下教师最好能使父母的态度变得友好和放松，把自己当成是父母的助手，相信他们的出发点都是好的。

即使有正当的理由，教师也永远不要谴责父母。如果我们能和父母达成某种协定，说服他们改变态度，并按我们的方法来教育儿童，对儿童的教育就会事半功倍。指出父母在过去对待孩子时所犯的错误是毫无意义的，我们必须做的是尽力使他们采用新的方法。而指出父母这里或那里做错了只会得罪他们，使他们不愿意合作。一般来说，孩子变坏并不是突然发生的，总会有一个过程。父母来到学校的时候相信自己忽略了某些东西，但千万不要让父母感觉我们也是这样认为的。永远不要以武断或独断的方式跟父母说话，给父母提建议的时候不要以权威自居，说话的时候要用"也许""可能""大概""你也许可以这样试一试"等词句。即使我们清楚地知道错误在哪里，并知道如何改正这些错误，也不应该直接向父母指出来，好像我们想强迫他们似的。很明显，并不是所有教师都具备这么多技能，这些技能的掌握也不能一蹴而就。本杰明·富兰克林在他的自传中表达了同样的思想，他写道：

"一个教会的朋友曾经善意地告诉我，一般人都认为我很骄傲，在和人交谈时我经常会表现出自己的骄傲，商讨观点的时候我不满足于证明自己是对的，还显得相当傲慢无礼，他列举了几件事情来说服我。我决心尽可能努力改正自己这一不良习性或荒唐脾气，还要求自己谦卑，谦卑包括了很多的含义。

"我不能吹嘘说我已经非常成功地获得了谦卑这一美德的实质，但表面上看起来我好很多了。我规定自己不要直接反驳别人的观点，也不要对自己的观点过于肯定。我甚至不允许自己使用那些意味着肯定观点的词语或表达方法，如'当然''毫无疑问'等；相反，我会使用'我设想''我理解'或'我猜想某件事情是这样的''现在我是这么认为的'。当我认为别人所说的观点是错误的时，我会控制自己想直接反驳他，并马上指出他观点中的荒唐之处的快感；应答的时候我会先说在某些情况或条件下他的观点是正确的，但在当前的情况下我对此有不同的看法，等等。我表达自己观点时的这种谦卑的态度使别人更愿意接受，也更少反驳我的观点；当我错了的时候也没有那么难堪和丢面子，也更容易说服别人放弃他们的错误观点，接受我正确的观点（如果碰巧我是对的）。

"刚开始采用这种谦卑的待人方式时需要克服自己的本性，到后来就变得非常容易，成了我的一个习惯。也许在过去的 50 年中，从来没有人听我说过一句武断的话。我想，主要是因为这一习惯（还包括正直的品格），早期我主张建立新制度、改变旧制度时赢得了民众的支持；后来，也是这一习惯使我成为众议员时能产生那样大的影响。我并不是优秀的演讲家，从来不善于雄辩，选择词语的时候会优柔寡断，很少能正确使用语言，但我一般都能实施我的主张。

"事实上，可能没有任何本性像骄傲那样难以克服。我们掩饰它，与它斗争，打败它，遏制它，尽力克制它，它仍然生生不息，不时会偷偷溜出来，表现一番。也许你在我这本自传中就经常可以看到，因为即使自认为已经完全克服了骄傲，我可能还在为自己的谦卑而骄傲。"

当然，这些话并不适用于生活中的所有情境。我们既不能这样预期，也不能这样要求。然而，富兰克林的态度告诉我们，用挑衅的态度去反对别人是多么不合适，是多么失败。生活中并没有适用于所有情境的基本规则。每一条规则都只适用于特定的范围，一旦超出这个范围就会马上失效。当然，在有一些情境中使用强势的语言是唯一正确的选择。但是，当我们考虑到老师和父母的处境（忧心忡忡的父母为了孩子曾经很丢脸，现在还准备继续丢脸），考虑到没有父母的配合，我们无法开展任何工作时，很显然，为了帮助儿童，富兰克林的方法是唯一合理的方法。

在这种情况下，重要的不是证明谁是正确的或显示自己的优势，而是必须为帮助儿童做好准备，这当然会存在很多困难。很多父母不想听取任何建议。有些父母因为老师指出他们和孩子处于不利的情境而感到吃惊、愤怒、不耐烦、不友好。这些父母通常会在一段时间内对孩子的缺点视而不见，对现实状况自欺欺人。突然之间，他们被迫睁开眼睛面对现实，整件事情都是令人不快的。所以，当老师以唐突激进的方法来靠近这些父母时，完全没有可能把他们拉到老师这一边。很多父母甚至更加过分，他们见到老师就说一些义愤填膺的话，让老师无法靠近。在这种情况下，最好让父母知道老师需要他们的帮助；最好让他们冷静下来，用友好的方式和老师沟通。不要忘记，父母经常深受传统和陈旧观念的影响，他们不可能很快就解放出来。

例如，一个父亲习惯于以严厉的语言和刻薄的表情来打击孩子,10年后你让他突然以友好的表情和善地和孩子说话，当然是相当困难的。值得注意的是，当父亲突然转变他对孩子的态度时，孩子刚开始的时候是不相信的，认为这不可能是真的转变。他会认为这只是父母的欺骗手段，慢慢地才会相信父母的转变是真的。高级知识分子也不例外。有一个中学校长，曾经喜欢批评和指责孩子，使孩子几乎到了崩溃的边缘。和我们的一次谈话之后，校长意识到了这一点。回家后，他和儿子进行了一次严厉的谈话。他再次勃然大怒，因为他儿子非常懒惰。每次儿子做的事情不如他意时他就会发脾气，并冷酷地指责儿子。如果自认为是教育者的父亲都可能是这样，那我们可以想象那些在孩子犯错就必须用鞭子抽打的教条思想下长大的父母会怎样。教师必须使用一切交际技能和巧妙措辞来与父母交谈。

我们必须记住，来自底层的家庭更信奉"棍棒教育"，认为体罚是教育儿童的必要手段。因此，来自这些阶层的儿童在老师那里接受批评之后，回家等待他们的是父母再一次的惩罚。可悲的是，我们很多的教育努力经常因为父母在家的不明智之举而付诸东流。这样，儿童经常因为同样的错误被惩罚两次，而我们认为一次惩罚就足够了。

我们知道这种双重惩罚有时会导致严重的后果。例如，一个孩子必须把很差的成绩单带回家，因为害怕被打，孩子没有把成绩单给父母看，然后又害怕到学校后受到老师惩罚，他就会逃学，或者模仿父母的笔迹在成绩单上签名。我们不应该忽略这些事情，或者认为这无足轻重。我们必须结合儿童所处的环境来看待他们。我们必须自问：我这样做的话会发生什么？对孩子造成怎样的影响？我有几分把握这样做一定会对孩子有益？儿童是否能承受这些负担，并从中学到建设性的东西？

我们知道，儿童和成人对困难有完全不同的反应。我们在对儿童进行再次教育的时候要特别谨慎，在试图改变儿童的生活模式之前应对结果有相当的把握。在儿童教育和再教育过程中考虑周全、判断客观的人往往能更准确地预测自己行为的结果。在教育工作中，实践和勇气都是必须具备的，就如我们坚定的信念一样——不管环境如何，总有办法让儿童免于崩溃。最重要的是那条历史悠久、颠扑不破的规则：越早越好。习惯于把人看成是一个整体，把症状看成是整体的一部分的人比那些习惯于只抓住症状，然后根据僵硬的模式来处理事情的人（例如，一个孩子没完成家庭作业，老师马上就写纸条告诉父母）更能理解和帮助儿童。

我们正处于一个新的时代，应以新的观念、新的方法和新的理解来教育儿童。科学正在废除那些过时的习俗和传统。对于我们正在接受的新知识，教师承担着更多的责任，但作为补偿，这些知识使教师对于儿童的问题有了更深入的理解，更有能力帮助他所教的儿童。我们必须记住的重要的一点是，单个的行为表现如果脱离了人格整体是毫无意义的，只有当我们把这些行为与儿童的其他方面联系起来时，才能真正理解这些行为。

附 录 I

个体心理学问卷调查

（用于理解和诊治问题儿童，由国际个体心理学会编制）

1. 导致孩子问题发生的原因何时出现？第一次发现孩子有问题时，他处于什么状态（心理的或其他方面的）？

下面这些事情特别重要：环境的改变，开始上学，家庭添了新的孩子（弟弟或妹妹），学校功课不好，换了老师或学校，有了新的朋友，生病，父母离婚，父母再婚，父母过世。

2. 孩子童年早期在下面这些方面有没有异常的地方：精神或身体虚弱，胆小，粗心，克制，笨拙，羡慕，妒忌，吃饭、穿衣、洗漱或睡觉特别依赖别人。孩子害怕独处吗？怕黑吗？了解自己的性别角色吗？有没有第一、第二或者第三性别特征？孩子是如何看待异性的？是继子吗？是私生子吗？是养子吗？是孤儿吗？养父母是如何对待他的？和养父母还有联系吗？孩子学走路和说话时间是否正常，有没有困难？牙齿发育正常吗？在阅读、绘画、唱歌、游泳方面有没有特别的困难？有没有特别依恋父母、祖父母或其他抚养者？

我们必须确定儿童对环境是否有敌意，然后寻找其自卑感的根源；确定他们是否有回避困难的倾向，是否表现出以自我为中心或神经过敏的特征。

3. 孩子经常惹麻烦吗？他最害怕什么？最害怕谁？晚上会哭吗？会尿床吗？他只是对比自己弱小的孩子蛮横无理还是对所有孩子都这样？他会强烈要求和父母一起睡觉吗？他笨拙吗？有佝偻病吗？智商怎样？经常被嘲笑和愚弄吗？在发型、衣服、鞋子等方面有虚荣心吗？会沉溺于咬指甲或挖鼻孔吗？贪吃吗？

了解儿童是否能在某种程度上勇敢地努力追赶优胜者，顽固的疾病是否妨碍了其行动欲望对我们理解儿童具有启发意义。

4. 他容易交朋友吗？对人、对动物是宽容还是喜欢取笑、折磨他们？他喜欢收集或储存东西吗？他贪婪吗？他喜欢领导别人吗？喜欢封闭自己吗？

这些问题与儿童的交往能力和受挫的程度相关。

5. 鉴于对以上全部问题的回答，目前儿童的情况如何？他在学校的表现如何？他喜欢学校吗？他总是很匆忙吗？他准时吗？做练习和考试的时候兴奋吗？他会忘记或拒绝做学校的作业吗？他浪费时间吗？懒惰吗？缺乏专注吗？会在课堂上捣乱吗？他是如何对待老师的？他对老师挑剔、傲慢、冷漠吗？功课遇到困难时，他是主动请求别人帮助还是等待别人帮助？他在体育和运动方面争强好胜吗？他认为自己是相对比较愚笨还是非常愚笨？他热衷于阅读吗？喜欢读哪一类作品？

这些问题有助于我们理解儿童对学校生活的准备程度，及

"入学测试"的结果，也有助于我们了解儿童面对困难时的态度。

6. 有关下列家庭环境的准确信息：家庭成员的慢性酒精中毒，犯罪倾向，神经症、虚弱、梅毒、肺结核等疾病，生活标准。有没有家庭成员过世？孩子多大年纪的时候第一次面对死亡？他是孤儿吗？谁是家里的精神主宰？家庭教育是严格的（经常埋怨、找茬）还是宽容的？家庭影响使儿童对生活产生恐惧感吗？家庭监管怎么样？

从儿童在家庭里的地位和态度我们就有可能判断他受到了什么影响。

7. 儿童在家庭中的位置如何？是最大的、最小的、独生子女、唯一的男孩或唯一的女孩吗？有敌对情绪吗？经常哭吗？恶意嘲笑别人吗？很喜欢贬低别人吗？

这些问题对于研究性格非常重要，也有利于解释儿童对待他人的态度。

8. 儿童对于职业有任何选择性倾向吗？他是如何看待婚姻的？家里其他人从事什么职业？父母的婚姻生活怎样？

这些问题可以判断儿童对未来是否有足够的勇气和信心。

9. 他最喜欢的游戏、故事及历史或小说中的人物是谁？别的孩子玩游戏的时候他喜欢捣乱吗？他想象力丰富吗？他是头脑冷静的思想者吗？他喜欢胡思乱想吗？

这些问题的答案会反映出儿童在生活中是否有扮演英雄的倾向。反之则可认为是缺乏勇气的。

10. 儿童最早的回忆是什么？有没有对以下的梦印象深刻或反复做类似的梦：飞翔、摔落、无能为力、赶车迟到、焦虑？

由此我们可以发现儿童是否有自我封闭的倾向，是否过度小心谨慎，是否雄心勃勃，是否喜欢跟着某个人或在乡村生活，等等。

11. 儿童在哪一方面灰心丧气？他认为自己受到了忽略吗？乐于受到关注和表扬吗？有迷信思想吗？回避困难吗？尝试了无数的事情，但最终都以放弃告终吗？对未来不确定吗？他相信遗传的有害影响吗？他周围的人一直在打击他吗？他对生活的态度悲观吗？

对这些问题的回答可以反映儿童是否已经丧失了自信心，是否已经走上了错误的道路。

12. 有其他诸如做鬼脸、装傻、幼稚、滑稽之类的花招或坏习惯吗？

这些情况表明儿童还有一丝勇气，因为他还在寻求关注。

13. 他有语言缺陷吗？长得难看吗？脚畸形吗？是内八字腿或 O 型腿吗？矮小吗？异常肥胖或高吗？身材比例失调吗？眼睛和耳朵有异常吗？智力发育迟缓吗？是左利手吗？晚上睡觉打鼾吗？特别帅气吗？

通常来说，儿童会夸大这些不利因素，这些因素使他们长期处于灰心丧气之中。特别可爱的儿童的发展也可能出现偏差，这些儿童认为，他们理应轻而易举地得到所有他们想要的东西，因而会错失无数锻炼自己的好机会。

14. 他们经常会说自己在学校、工作和生活中无能、"缺乏天分"吗？有自杀的想法吗？他的失败和困难有时间方面的关联吗？他会夸大一些肤浅的成功吗？他会屈从、固执己见或叛逆吗？

这些是儿童极度沮丧的表现，一般来说，在儿童试图努力克服困难但失败之后表现得最明显。他失败的原因一方面在于其努力是无效的，另一方面在于他不理解自己接触到的人。但是他的意愿必须在某一方面得到一定程度上的满足。否则，他就会寻找其他更容易的方法来满足自己的愿望。

15. 列出儿童做成功的事情。

这些"积极的表现"给了我们重要的启示，因为这些积极的表现有可能使儿童的兴趣、倾向和准备从此转向不同的方向。

对这些问题的回答（我们永远不应该按固定的顺序或程序来问这些问题，而应该进行建设性的谈话）构成了正确的个体性概念。虽然失败不是理所当然的，但却是可能的、可以理解的。有了这一正确的概念，当儿童犯错的时候，我们就应该耐心、和善地解释，而不是威胁他们。

附 录 II

五个案例及其分析

案例一

男孩，15岁，是家里的独生子，父母经过努力拼搏获得了中等生活条件。父母很注意满足男孩在物质方面的所有需求。在童年早期，男孩非常快乐和健康。他妈妈是很好的女人，但很喜欢哭。她费了九牛二虎之力才完成对儿子的描述，并多次中断。我们不认识孩子的父亲，但妈妈说他是一个诚实、精力充沛的人，热爱家庭，非常自信。在男孩小时候，一旦他不听话，父亲就会说："如果我不把他制得服服帖帖的，将来就无法收场。"他所谓的服服帖帖是指给男孩树立一个好榜样，不用费力说教，只要孩子做错事情，他就会用鞭子责罚。在童年早期，男孩很不听话，在家里非常任性，想成为家里的主宰，这在被宠坏的独生子女身上非常常见。他很早就表现出极度不服从，并形成了不服从的习惯，只要他觉得父亲不会打他，他就拒绝服从。

讲述到这里，如果要问这个孩子会形成什么明显的性格特征，我们可以很肯定地告诉你：撒谎。他会以撒谎来逃避父亲的惩罚。确实，妈妈接下来就主要抱怨他撒谎这一点。

现在孩子15岁了，父母从来都无法知道他是在撒谎还是在说实话。进一步探寻的时候，我们了解到：这个孩子在教会学校上过一段时间学，那里的老师也抱怨他不听话，经常扰乱课堂。例如，在请他回答问题之前就喊出答案，或者问问题只是为了捣乱，或者在课堂上大声和同学说话。他写的作业简直无法辨认。他还是左利手。他的行为最终变得无法无天，只要担心父亲惩罚，他就以撒谎来逃避。之前父母还是决定让他在学校继续学习，但最近他们不得不带他回家，因为老师说他们对这个孩子已经无能为力。

男孩看起来非常活跃，他的聪明也得到了所有老师的认可。他上完公立学校后必须参加考试，以进入中学学习。妈妈一直等他考完，他说已经通过了考试，所有人都很开心，一起到乡下去度假。在度假期间男孩还经常提到即将要去的中学。学校开学之后，男孩收拾好书包去上学，每天中午回家吃饭。然而，有一天，妈妈和他一起走了一段路，路上听到一个人说："这是今天上午告诉我去车站的路的男孩。"妈妈问他那个人说的是什么意思，是不是当天上午他没有去上学。男孩回答说学校的课在上午十点就结束了，他和那个人一起走到了火车站。妈妈对这一解释有点怀疑，后来和爸爸说了这件事情。父亲决定第二天陪儿子去上学。第二天上学的路上，架不住父亲一再询问，男孩坦白他并没有通过入学考试，从来就没去过中学，这些日子他一直在街上流浪。

父母请了家庭教师来辅导他的功课，男孩最终通过了考试，但他的行为并没有改善。他还是扰乱教学秩序，后来还开始偷东西。他从妈妈那里偷了钱，还坚决不承认，在威胁他要叫警察的时候他才不得不承认。现在，这个男孩的可悲之处在于所有人都对他失去了信心，对他视而不见。父亲曾经信心满满，以为他能纠正儿子，现在因为绝望而放弃了。在学校，男孩受到的惩罚是没人理睬，谁都不和他说话，也不注意他。他父母也声明不再打他。

当我们问妈妈："孩子是从什么时候开始出现问题的？"妈妈回答说："从出生开始。"听到这个回答，我们认为妈妈是想暗示男孩这些坏的行为是天生的，因为父母已经竭尽所能地使他变好，但都没有成功。

当还是婴儿的时候，男孩就特别不安分，无论白天还是晚上都哭个不停。然而，所有的医生都说他非常正常，非常健康。

事情并没有看起来那么简单。婴儿啼哭这一事实并没有什么。啼哭的原因很多，特别男孩是家里的独生子，他的妈妈并没有相关的经验。孩子啼哭很多时候是因为尿湿了，不舒服，而妈妈不一定总是知道。他哭的时候妈妈是怎么做的呢？她把孩子抱起来，摇一摇，给他些吃的。实际上她应该做的是找出他哭的真正原因，给孩子换个尿布，让他感觉舒服，然后就不用特别关注他了。这样孩子就会停止哭泣，也不至于现在还背着过去很爱哭的黑锅。

妈妈说他学走路和学说话的年纪都很正常，牙齿发育也很正常。他有一个习惯——把刚拿到手的玩具弄坏。这样的行为通常并不必然表明孩子的人格很坏。值得注意的是妈妈对他的评价："他不可能专注地做任何事情，哪怕很短的时间也不行。"那么，妈妈应该怎样让儿童学会独立玩耍呢？办法只有一个，那就是儿童应该有独立玩耍的空间，成人不要经常打扰他。我们怀疑这位妈妈没有做到这一点，好些话都说明了这一点。例如，男孩总是让她做这做那，总是缠着她，等等。这是孩子刚开始诱使妈妈溺爱他，是儿童最原始的本能。

　　孩子从来没有独处过。

　　很明显，妈妈这样说是在为自己辩护。

　　他从来没有一个人待过，直到现在他也不喜欢独自待着，哪怕只有一个小时。无论是傍晚还是晚上他都没有单独待过。

　　这些话证明孩子和妈妈的关系是多么紧密，孩子一直以来是多么依赖妈妈。

　　他一直什么都不怕，直到现在都不知道什么是害怕。

　　这一言论有悖心理常识，因为这和我们的发现不一致。进一步考察这些事实，我们就知道是怎么回事了。男孩从来没有独处过，因此，他没有必要害怕，因为对于这些孩子来说，害怕只是他们强迫其他人陪伴他们的手段，一直都有人陪着，他们也就没有必要使用这一手段了。本来只要男孩单独待着，他就会感受到害怕的情绪，妈妈一直陪着他的结果是这个男孩一直没有机会体验到害怕。还有另一个看似矛盾的地方。

他非常害怕他爸爸的藤条。因此，他也会害怕？然而，虽然有时候爸爸打他打得特别狠，但只要鞭子一拿开，他马上就忘记了，重新变得生龙活虎。

令人遗憾的是，这里我们看到了爸爸妈妈对比鲜明的态度：妈妈妥协，爸爸严厉，想纠正妈妈的软弱。由于爸爸的严厉，孩子越来越靠近妈妈。也就是说，他转向了溺爱他的人，因为从那里他可以轻而易举地得到所有东西。

男孩 6 岁进入教会学校后由牧师监管，那时老师开始投诉他好动、不安分、做事不专心。老师对他行为的投诉经常比对他成绩的投诉多得多。最突出的是他的不安分。当儿童想吸引别人的注意力的时候，还有什么是比表现得不安分更好的方法呢？这孩子想获得关注。他已经习惯了妈妈无时不在的关注，现在，他想吸引学校更大群体成员的注意力。当老师不理解孩子的这一目的时，就会专门讽刺他、训斥他，试图纠正他的行为，然后男孩就变成了老师所说的那种孩子。为了获得他想要的关注，男孩必须付出巨大的代价，但他已经习惯了。在家里他挨的打已经够多了，但不良行为没有丝毫改变。我们能不能假设，如果学校的惩罚措施相对温和，他就可以改变既有的行为方式呢？答案是几乎不可能。因为当他从家里带着委屈去学校时，他最想要的就是别人的关注，以弥补在家里的缺失。

父母想改善他的行为，因此跟他讲道理：为了全班同学都能听课，每个学生都应该保持安静。听到这种老掉牙的劝告，我们忍不住在某种程度上开始怀疑父母的常识。孩子对于什么是对的行为、什么是错的行为和成人一样清清楚楚。但是，这个孩子太关注另外一个问题——他想获得关注，但保持安静不会让任何人关注到他，要通过努力学习获得关注也不那么容易。我们一旦知道了这个孩子给自己设定的任务，对他的行为就会一目了然。当然，当父亲拿着藤条过来的时候他会安静一会儿。但妈妈说，只要爸爸离开，男孩立马故态复萌。他只是把鞭打和惩罚看成一种干扰，这只能在短时间内阻碍他，但绝不能长久改变他。

他的性格总是不受约束。

很显然，想要吸引注意力，儿童必须发脾气。我们知道，通常所说的性格只不过是一个人完成任务最舒服的节奏，是由目标决定的运动形式。例如，如果一个人想安静地躺在沙发上，就不会发展出这个儿童这样的性格。这样的性格是不能表明一个人内心想法的。在这个案例中，这种想法就是让自己变得引人注目。

他形成了一个习惯：把家里各种各样的东西带到学校去，用这些东西来换钱，并用这些收入来款待同学。父母发现之后，每天上学前对他进行搜查。他最后终于不再这样做了，仅仅是开开玩笑、打断别人等。只有父亲的严厉惩罚才使他发生了这一改变。

我们能理解他为什么开玩笑，他渴望别人注意他，而开玩笑会迫使老师惩罚他，从而显示自己可以凌驾于学校规则之上。

他试图打扰别人的行为慢慢有所减少，但一段时间后又会变本加厉，最终导致他被学校开除。

这印证了我们之前的观点。这个男孩很努力地想获得别人的认同，很自然，他遇到了障碍，并意识到了这些障碍。况且，考虑到他是左利手，我们更能理解他遭受的困难。我们可以推测，虽然他想避免困难，但他总是想方设法找到一些困难，然后又没有信心来克服它们。但他越不自信，就越想证明自己是值得关注的。他一直都在做各种恶作剧，直到学校无法再容忍他，将他开除。公平地说，当学校不能允许捣蛋的学生扰乱其他学生的学习时，除了开除捣蛋的学生之外别无他法。然而，如果我们相信教育的目的是改正学生的缺点，开除就不是正确的方法。这使得男孩更容易从妈妈那里获得认可，在学校不再努力提升自己。

值得注意的是，在一位老师的建议下，男孩在假期的时候被送去了一个儿童养育院。在那里他受到了比学校更为严格的监管，但这一试验也失败了。他父母仍然是主要的监管者，孩子每个周日回家，他对此非常开心。但是，不允许他回家的时候他也不生气。这是可以理解的。他想充当了不起的人，也想别人这样看他。他对鞭打习以为常，从不允许自己哭泣，也绝不想有失男子气概，不论事情多么糟糕他都这样。

他的成绩从来都不是太差。他一直有家庭教师辅导。

从这里我们可以推断出这个男孩不独立。老师告诉父母，只要他能安静下来，他就能比现在学得好得多。我们相信这个男孩的学习能力，因为除了弱智儿童，没有哪个孩子不能学习。

他画画没有天赋。

这一点非常重要，因为这句话可能表明他还没有完全克服左利手导致的笨手笨脚。

他是体育最好的学生之一。他很快就学会了游泳，不害怕危险。

这表明他还没有完全丧失勇气，但他只有勇气做一些无关紧要的事情，因为他对这些事情有十足的把握，能轻而易举地完成。

他从来不胆怯。尽管已经被批评和警告多次，但他还对所有人直截了当地说话，不管对方是学校的看门人还是学校校长。

我们知道，当禁止他做这做那的时候，他是完全置之不理的，因此，不能因为他不胆怯就认为他很有勇气。很多儿童都清楚地知道他们与老师和学校管理者之间是有距离的。而这个男孩对于爸爸的鞭打都毫不在乎，自然也就不怕校长。为了抬高自己的身份，显示出他的重要性，他说话口无遮拦。事实上，他确实通过这种方式实现了自己的目标。

他对自己性别的看法不是很确定，但经常说他不愿意成为女孩。

没有明确的事实表明他对自己性别的看法，但我们经常发现，这样淘气的男孩有贬低女性的倾向。他们通过贬低女性来获得一种优越感。

他没有真正的朋友。

这很好理解，因为其他儿童不想总是由他来做领导，被他所控制。

他父母还没有跟他解释过性方面的事。他的行为表明他想控制别人。

对于我们要历经千辛万苦才能理解的东西，他其实是非常清楚的。也就是说，他很清楚自己想要什么，但毫无疑问，他不知道这一无意识的目标和自己的行为之间的关系。他不知道自己为什么会有这种强烈的控制欲望及这种欲望会达到何种程度。他想控制别人是因为他看到父亲是如何控制他人的。他越想控制，其实表明他越脆弱，因为他必须依赖别人。而他视为榜样的父亲则是自立的，不必依赖他人。换言之，他的雄心壮志建立于他的脆弱无助之上。

他总想惹是生非，即使面对那些比他强的人也是如此。

然而，这些强的人也是更脆弱的人，因为他们很认真地履行自己的责任和义务。这个男孩只有在鲁莽行事的时候才会相信自己。顺便提一下，要让他消除鲁莽的行为并不容易，因为他不相信自己能学会任何事情，因此，必须以鲁莽来隐藏真实的自己。

他不自私，分享东西非常大方。

如果认为这表明他很善良，我们就很难发现这一点和他其他性格特征之间的关系。众所周知，一个人可以通过大方来表明自己的优越性。很重要的一点是，我们要明白大方这一特征与对权力的渴望是相关的。慷慨大方让男孩感觉自己高人一等。很有可能他是从父亲那里学到了这种通过慷慨来炫耀自己的方法。

他还是会制造很多麻烦。他最怕的是父亲，然后是母亲。在任何时候起床他都乐意，也不是特别虚荣。

最后一句说的是外在的虚荣心，因为他内在的虚荣心是特别强的。

他已经改掉了挖鼻孔的老习惯。他是个固执的孩子，对食物非常挑剔，不喜欢蔬菜或肥肉。他并不是完全不能和其他人一起玩，但只喜欢那些任由他控制的孩子；他很喜欢动物和花。

喜欢动物一般表明孩子追求卓越，有控制的欲望。这种喜欢当然不会令人反感，因为这倾向于把我们和地球上的其他事物看成一个整体。然而，就这些儿童而言，我们发现这往往表达了他们控制的欲望，他们总是想让妈妈操心更多的事情。

他表现出强烈的领导欲望，当然不是智力方面的领导。他喜欢收集东西，但没有足够的耐心，从来没有将某种收集坚持到底。

这些人的悲剧在于他们做所有的事情都是半途而废，因为完成事情之后会有结果（这个结果有可能是失败），而他们害怕承担责任。

总体而言，从 10 岁开始，他的行为已经有所改善了。他以前几乎不可能待在房子里，因为他总是想到街上充当英雄好汉。家人费了九牛二虎之力才使他的行为有所改善。

但把他限制在狭小的房间里实际上刚好满足了他自我表现的强烈欲望。所以，他在狭小的房间弄出更多恶作剧就不足为怪了。正确的做法是让他到街上去，但要有恰当的监管。

他回家后会马上做作业，并没有想离开房间出去玩，但他总是千方百计地浪费时间。

当我们把儿童限制在很小的空间，并监督他们学习时，就会发现他们总是走神，浪费时间。儿童应该有机会参加活动，如和其他伙伴一起玩耍，这样他就能在同伴中充当一定的角色。

他以前是很乐意上学的。

这表明那时老师不是很严厉，这样他就比较容易成为主角和榜样。

以前大部分课本都会被他弄丢。他并不害怕考试，总是相信自己能把每件事情都做得很出色。

在这里我们发现了一个很普遍的特征。如果某个人在任何情况下都很乐观自信，这正好表明他不自信。这些人肯定是悲观主义者，但他们却想方设法违背常理，到虚幻的世界去寻求安慰，在那里他们可以心想事成，得到想要的一切。他们在失败的时候并不感到意外。他们相信冥冥之中自有命运安排，这种信念使得他们看起来像乐观主义者。

他的注意力极度不集中。有些老师很喜欢他，但有些老师很讨厌他。

总之，似乎是那些温和的老师更喜欢他的行为。他对这些老师的干扰也少一些，因为老师没有给他分配困难的任务。就像大多数被宠坏的孩子一样，他既没有集中注意力的欲望，也没有这个习惯。在 6 岁之前他觉得没有必要集中注意力，因为妈妈对他的照顾是无微不至的。他生活中的所有事情都事先准备好了，他好像被关在笼子里一样。一遇到困难，他就显得手忙脚乱，毫无准备。他从来没有学会如何面对困难，对他人没有兴趣，也不可能与他人合作。他既没有愿望，也没有自信独立完成事情。他有的只是鹤立鸡群的欲望——不经努力就能出人头地。但是，他扰乱学校的计划并没有得逞，他没有获得人们的关注，这使得他的性格变得更糟糕。

他总想轻轻松松就能获得一切，不考虑他人，以最便捷的方式获得一切。这已经成了他生活中最重要的主题，体现在他所有的行为中，如撒谎和偷窃。

隐藏在这个男孩生活方式中的错误是显而易见的。妈妈肯定在某种程度上促进了他社会情感的发展，但无论是妈妈还是严厉的爸爸都没有成功地将这些情感导向正确的地方。这些社会情感仅仅局限于妈妈的世界。有妈妈在，他就觉得自己是被关注的中心。

这样，他追求卓越的欲望不再是导向生活中有意义的事物，而是朝向他个人的虚荣心。为了把这种欲望转到生活中有意义的事情上，我们必须重新发展他的人格。首先是使他树立信心，这样他就会乐意听从我们的建议。同时，我们必须拓展他的社交范围，通过这样的方式来弥补妈妈带独生子导致的不足。另外，他必须和爸爸和好如初。对这个孩子的教育必须一步一步进行，直到他能像我们一样明白他过去的生活方式中存在的错误。如果他不再只将注意力放在一个人身上，他的独立性和勇气都会逐渐增加，并把追求卓越的动力导向生活中有价值的事情。

案例二

这是一个 10 岁男孩的案例。

学校抱怨他的功课很糟糕，已落后同龄的学生三个学期。

10 岁就落后同龄人三个学期，我们都怀疑他是不是弱智。

他现在是三年级下学期，智商为 101。

因此，他不可能是弱智。是什么导致了他的落后呢？他为什么要破坏课堂纪律呢？我们看到，他付出了一定程度的努力，也参加了一些活动，但全部都是一些没有价值的活动。他想成为具有创造性的、活跃的人，成为众人关注的中心，但却用错了方法。我们也能看到，他在与学校对抗，是一个"斗士"。他是学校的冤家对头，因此，我们就能理解他为什么会在学习上落后了。要一个与学校对抗的"斗士"来遵守学校的规则也太勉为其难了。

他很不乐意听从指挥。

这个很好理解。他这样做是非常聪明的，也就是说，他这种看似不可理喻的行为实际上是一种策略和方法。如果他是"斗士"，当然要抵抗敌人的指挥。

他和其他男孩打架，还把玩具带到学校去。

他想创立自己的学校。

他的口算很差。

这表明他缺乏社会情感及与之相关的社会推理。（参考第七章）

他有语言障碍，每周去上一次语言课程。

他的语言障碍并不是由生理缺陷引起的，而是缺乏社会合作的症状以语言障碍的形式表现出来。语言表明了个体对合作的态度——个体必须把自己和他人联系起来。就目前的情况来看，男孩是把语言障碍当成了斗争的工具。所以，对于他不去寻求治愈语言障碍我们并不感到奇怪，因为治愈它就意味着放弃获得关注的一种手段。

当老师和他说话的时候，他的身体总是左右摇摆。

他好像是在准备一场进攻。他不喜欢听老师说话，因为他不是老师关注的中心。如果老师说话他必须听，那老师就是胜利者。

妈妈（准确地说是继母，因为他的亲生母亲在他还是婴儿的时候就过世了）**只是抱怨他很神经质。**

"神经质"这种不甚明了的说法可以掩盖孩子的很多不良行为。

他是由两个祖母带大的。

一个祖母就够糟糕的了——我们知道，祖母对孩子一般特别溺爱。考察祖母为什么会溺爱孩子是很有意义的事情。这是我们文化的错误——在我们的文化中老年妇女没有地位。她们抗议这种待遇，想得到应有的尊重。祖母想要证明自己存在的价值，于是溺爱孩子，使孩子依恋她们。这样，她们就可以被认为是很重要的人物了。

如果有两个祖母，她们之间肯定存在激烈的竞争，这是很好理解的。她们总想证明孩子更喜欢的是自己，而不是另一个祖母。很明显，这种竞争对孩子非常有利，他发现自己几乎处于天堂之中，可以得到任何他想要的东西。他只需要说"那个祖母给了我这个"，这个祖母就会给他更好的东西，以击败对手。在家里，这个孩子是家人关注的中心，我们能明白他是怎么把获得这种关注作为他的目标的。现在，他上学了，学校里没有两个祖母，只有一个老师，很多同学。在这里他成为关注中心的唯一方法是和老师对抗。

和祖母一起生活的时候，他在学校的学习成绩不好。

学校不适合他，他还没有准备好。学校是考验他合作能力的地方，但他从来没有学习如何合作。母亲才是最能促进儿童合作能力发展的人。

一年半以前父亲再婚了，男孩开始和父亲、继母生活。

很明显，这是一个很难的处境。继母或继父的介入都会产生很多麻烦或使麻烦升级。继父母的问题由来已久，到目前为止还没有得到改善，孩子在其中处于特别不利的地位。继母，即使是最好的那种继母，一般都会有麻烦。继父母的问题并不是不能解决，但只有借助一定的方式才能解决。继母和继父不要期待孩子理所当然应该感激他们，而应该尽力赢得孩子的感激。两个祖母的存在使得这一情况更加复杂，继母和孩子之间的问题更难解决。

继母刚来的时候尽力表现得很亲热。她尽最大努力去赢得男孩的喜欢。男孩的哥哥是另一个问题。

这是家庭中的另一个好战之人，想想两兄弟之间可怕的对抗，这只会加剧好斗的氛围。

男孩害怕父亲，听从父亲的指令，但并不听从继母的指令。于是继母经常到父亲那里告状。

这其实是继母承认自己已经无力教育孩子，因此，她把责任推给了孩子的父亲。当继母总是向父亲告发两兄弟，说他们做了这个，没做那个，当她用"我会告诉你们的父亲"这样的语言来威胁孩子时，孩子们就知道她对他们已经无计可施了，已经放弃了母亲的责任。因此，只要有机会，他们就会对她发号施令。继母这样的言行表明了她的自卑情结。

如果男孩答应好好表现，继母就会带他出去，给他买东西。

继母的处境非常困难。为什么呢？因为祖母的存在使她显得无足轻重，而且孩子们认为祖母更重要。

祖母只是偶尔来看看他。

祖母每次只来待几个小时，但会干涉对孩子的教育，然后把所有的麻烦都留给妈妈。

这个家庭里似乎没有一个人是真正爱孩子的。

似乎所有的家人都不再喜欢他。即使过去对他十分宠溺的祖母也不再喜欢他。

父亲会体罚他。

然而，体罚没有用。孩子喜欢被表扬，受表扬的时候总是全神贯注。但他不知道如何以正确的行为方式赢得别人的表扬。他更喜欢从老师那里要表扬，而不是赢得表扬。

如果他受到了表扬，行为表现就会有所改善。

这对于所有想要成为关注焦点的儿童都是屡试不爽的。

老师不喜欢他，因为他总是阴沉着脸，郁郁寡欢。

因为他是一个和学校对抗的人，这是他能使用的最佳武器。

男孩尿床。

这也表明他想成为关注的中心。他不是直接作战，而是采取迂回策略。这样的孩子怎样和继母做迂回的斗争呢？尿床，然后让她半夜起来；在晚上大喊大叫；在床上读书不睡觉；早上不起床；形成不良的饮食习惯。总而言之，他总有办法让继母围着他团团转，不分日夜。语言障碍和尿床是他用来与环境抗争的两个武器。

为了改正他这个坏习惯，继母曾试图在晚上喊醒他几次。

这样，继母有几个晚上都和他在一起。因此他即使用这种糟糕的方法也达到了他的目的。

孩子们不喜欢他的原因是他喜欢控制人。有几个弱一点的孩子试图模仿他。

这个孩子内心脆弱，缺乏勇气，不想以勇敢的态度继续前进。那些脆弱的孩子之所以想模仿他是因为这确实是脆弱的儿童获得关注的最好途径。

然而，他并不是真的完全不被人喜欢。"只要他的作品被选为最好的，其他孩子都非常开心，认为他进步了。"

当他有进步的时候孩子们非常开心。这也说明老师做得很好，老师真正懂得如何唤起孩子内心的合作精神。

男孩喜欢到街上和其他孩子玩球。

当他很有把握成功并征服别人的时候，他会和别人交往。

我们和继母讨论了案例，向她解释她与孩子和祖母处于非常困难的境地。我们也告诉她男孩很嫉妒哥哥，总担心自己被抛弃。访谈男孩的时候，即使他被告知我们都是他在诊所的朋友，他也一言不发。这个男孩说话就表示他愿意合作。因为他想对抗，所以控制自己不说话。这和他拒绝治愈语言障碍一样，表明他缺乏社会精神。

虽然令人难以置信，但这确实是事实：我们经常发现成人在社会生活中也用这种方式——以沉默来抗争。曾经有一对夫妻发生了剧烈的争吵，丈夫对妻子大声咆哮："看，你现在没话说了！"妻子回答："我不是没话说，我只是不想说话。"

这个男孩的情况也是如此，"他只是不想说话"。访谈结束后，他被告知可以离开了，但他似乎没有打算离开。他对我们产生了敌意。我们又告诉他访谈结束了，他可以离开了。他还是没有离开。然后我们告诉他下周和父亲一起来。

同时，我们告诉他："你这样做是很正常的，因为你总是做相反的事情。如果你被告知要说话，你就会保持沉默；在学校你应该保持沉默的时候，你就用说话来扰乱课堂。你认为自己这样做很了不起。如果我们告诉你'完全不要讲话'，那么你就会讲话。我们只要问你相反的问题就能让你按照我们的指示行动。"

很明显，我们是有办法让孩子说话的，因为他会觉得有必要回答问题。这样，他就会开始通过语言与我们合作。晚些时候再跟他解释，让他相信自己的确犯了一些错误，这样慢慢改善他的行为。

在这一方面，我们必须记住的是，只要孩子处于习惯的环境中，他就不会有改变的动力。继母、爸爸、祖母、老师、同伴等都是他习以为常的生活方式的一部分。对于他们的态度已经形成定式。但他来到诊所的时候面对的是一个全新的环境。我们甚至尽力使这个新环境尽可能地新——事实上是一个全新的环境。在这个新环境里，他能更全面地表现出在旧环境里形成的性格特征。在这种情况下告诉他"你必须不要说话"是很妙的主意，于是，他就会说"我就要说"。这样，没有人直接与他对话，他也就不会特别警惕，特别拘谨。

在诊所，儿童一般会在很多人面前讲话，这对他们影响极为深刻。这是一个全新的环境，给人的印象是不但孩子没有局限于自己小小的环境，而且其他人对他们也很有兴趣，因此，他们成为更大整体的一部分。所有这些使得他们比以前更乐意成为集体的一部分，特别是他们被要求再来的时候。他们知道会发生什么——被提问，问他们感觉怎么样，等等。根据案例的性质，有些儿童一周来一次，有些每天都来。我们会训练他们如何对待老师。他们知道自己不会受到指责、训斥或批评；相反，所有事情的评判似乎都是公开透明的。这一点总是能对人产生深刻的影响。如果一对夫妻吵架，有人为他们打开一扇窗（倾听他们的理由），争吵就会停止，情况就会变得完全不同。当人们的心声可以通过一扇窗被其他人倾听时，他们就不想表现出不好的人格品质。这是提升儿童行为的第一步，这一步在儿童来到诊所的时候就已经迈出了。

案例三

这个案例中的孩子 13 岁半，是家里的老大。

他 11 岁时测量的智商为 140。

因此，可以说，这是一个相当聪明的孩子。

自从高中第二个学期开始，他几乎就没有什么进步了。

依据我们的经验，如果儿童认为自己很聪明，就会期待轻而易举地获得一切，而结果是这些孩子经常会止步不前。例如，我们发现这些孩子在青春期的时候感觉自己比实际年龄要成熟很多。他们想要证明自己已经不再是孩子了。他们越想表达自己，在现实中遇到的困难就越多。于是他们开始怀疑自己是否如之前自认为的那样聪明。我们不建议告诉孩子他很聪明，或他的智商是 140，孩子应该永远不知道自己的智商，父母也不应该知道。所有这些都是这么聪明的孩子后来会失败的原因。这是非常危险的情况。如果孩子有非凡的抱负，但不知道如何以正确的方式获得成功，就会通过一些错误的方式来实现成功。这些错误的方式有：变得神经过敏、自杀、犯罪、懒惰或浪费时间。为了获得毫无意义的成功，儿童可以使用无数种借口和托词。

他最喜欢的科目是科学。喜欢与比自己小的男孩交往。

众所周知，儿童和比自己小的孩子玩耍是为了做更简单的事情，或者是为了成为优胜者和领导者。虽然儿童喜欢和比自己小的孩子玩耍并不必然表明这个孩子比较脆弱，有时候孩子是为了表达自己的父性，但这却是一个可疑的信号。这表明儿童在某一方面比较脆弱，因为孩子父性的表达意味着排斥和比自己大的孩子玩耍。这种排斥是一种有意识的行为。

喜欢足球和棒球。

我们由此可以推测他很擅长这两项运动。我们可能会听到他在某些方面的表现非常优秀，但对有些事情根本不感兴趣。这表明他对自己有把握成功的事情会非常活跃，对所有他没有把握做好的事情会拒绝参与。这当然不是正确的行为方式。

喜欢玩牌。

这意味着浪费时间。

玩牌使得他没法专注于早睡和按时完成作业这样的日常活动。

现在我们开始涉及父母真正的不满之处了，这些不满都集中在同样的事情上——他无法取得学习上的进步，因此只是在浪费时间。

婴儿时期他发育缓慢。两岁之后开始快速发育。

我们不知道为什么在前两年他发育缓慢，也许他被宠坏了，我们现在看到的就是一个被宠坏的孩子。他发育缓慢可能就是由溺爱造成的。我们看到，被溺爱的孩子不想说话，也不想运动或活动，因为他们喜欢依赖别人，因此，没有东西刺激他们的发展。他后来发育加快的唯一解释是有事物刺激了他的发育。也许是很强的刺激，使他发展成了非常聪明的孩子。

他最突出的特征是诚实和固执。

我们认为，只说他诚实是不够的。诚实当然很好，是很优秀的品质，但我们不确定他是否只是在用诚实来批评别人。这也可能是他自我吹嘘的方式。我们知道，他喜欢领导和控制别人，而诚实可能是他追求卓越的表现。我们不能确定，如果这个孩子处于不利的情境时是否还能保持诚实。至于他的固执，我们发现他确实是我行我素，喜欢与众不同、独树一帜，而不是人云亦云。

他恐吓弟弟。

关于这一点，我们的判断非常确定。他想成为领导者，当弟弟不听从他的指挥的时候，他就恐吓弟弟。这就不是很诚实了，如果你真正了解他，就会发现在某种意义上他喜欢撒谎。

他喜欢吹嘘，感觉自己非常优越。这里真正表现的是一种优越情结，但这种优越情结清楚地表明，他在内心深处深受自卑感的折磨。因为别人高估了他，所以他就低估自己。而因为他低估了自己，就必须通过吹嘘来弥补这一点。过多地表扬孩子是非常不明智的，因为孩子会认为别人对他的期望非常高。当他发现要达到别人的期望并不容易时，就会开始忧虑和害怕，结果，他就会调整自己的生活，让别人无法发现他的脆弱之处。所以，他恐吓弟弟，等等。这就是他的生活方式。他感觉自己没有足够的信心以恰当的方式独立解决生活中的问题。因此，他热衷于玩牌。当他玩牌的时候，即使他学习成绩不好，也没有人会发现他的不足之处。父母会说，他成绩不好是因为他总是玩牌，这样他的自尊和虚荣就得到了满足。他被灌输了这样一种观念："是的，因为我喜欢玩牌，所以我不是一个好学生；如果我不玩牌，我就会成为最好的学生。但是，我玩牌。"他很满足于这一点，他觉得自己是有可能成为最好的学生的，这让他感觉很舒服。只要这个孩子不理解自己的心理逻辑，他就可以沉溺于自我安慰，并对自己和他人都隐藏起自卑的感觉。因此，我们必须以一种非常友好的方式把他性格的根源告诉他，向他证明他的行为模式存在问题——只有那些认为自己不够强大、没有能力完成任务的人才会有这样的行为模式。只有在隐藏了自己脆弱、自卑的感觉后，他才会感觉到自己是强大的。就如我们刚才所说的，跟孩子解释这一切的时候态度一定要非常友善，还要不停地鼓励他们。我们不应该总是表扬他，当着他的面把他的高智商挂在嘴边，这种不时的提醒可能使他担心自己能否总是取得成功。我们非常清楚，在将来的生活中，智商不是特别重要的。所有优秀的实验心理学家都知道，智商只能表明测试中展现的状况，而生活过于复杂，不可能通过一个测试就能得知答案。高智商并不能证明儿童真的能解决生活中的所有问题。

男孩真正的困境在于他没有社会情感及有自卑情结。我们应该跟他解释清楚这些。

案例四

这是一个 8 岁半男孩的案例。这个案例说明儿童是怎么被宠坏的。罪犯和神经症患者主要来自被宠爱的儿童。我们这个时代最需要的是停止对儿童的溺爱。这并不是说我们要停止爱他们，而是说不要纵容他们。我们应该像对待朋友和地位相等的人那样对他们。这个案例的价值在于它描述了被宠坏的儿童的特征。

孩子现在的问题是：每个年级都要重读，现在只读二年级。

一年级重读的儿童要高度怀疑其是不是智力有问题。在我们的分析中一直都不要忘记这种可能性。但如果儿童刚开始很好，后来成绩才突然下降的话，基本上可以排除弱智的可能性。

喜欢像婴儿那样说话。

他想被宠爱，因此他模仿婴儿说话。但这意味着他脑海中有一个明确的目的，因为他认为像婴儿一样做有利于实现这一目标的。男孩这种理性的、有意识的计划排除了他是弱智的可能性。因为他压根就没有做好上学的准备，因此，他不喜欢上学。也正因为这样，在学校他的社会交往没有发展起来，反而通过与环境的对抗来表达自己的能力。这种敌对态度的后果是他每年都要留级。

不服从哥哥，经常和哥哥发生激烈的争吵和冲突。

在这里我们可以看到，哥哥对于他来说是一个障碍。从这里我们也可以推测哥哥肯定是好学生。男孩要和哥哥竞争，唯一的办法是变成坏学生。在他的幻想里，他认为如果他是婴儿，就可以超过哥哥。

到一岁十个月的时候他才学会走路。

他可能有软骨病。如果他直到快两岁时才会走路，也有可能他总是处于严密监护之下，妈妈在这段时间里一直跟他在一起。软骨病这一生理缺陷促使妈妈对他关注更多、宠爱更多。

他说话很早。

现在我们可以确定他不是弱智。弱智的孩子学说话通常很困难。

他总是像婴儿那样说话。他的爸爸非常慈爱。

这说明爸爸也很宠爱他。

他更喜欢妈妈。家里有两个男孩。妈妈说哥哥很聪明。两个男孩经常打架。

这是家里孩子之间竞争的案例。这种竞争在大部分家庭都存在，在家里的老大和老二之间尤为明显，但其实任何两个一起长大的孩子之间都存在竞争。这种情况的心理是这样的：当第二个孩子出生的时候，第一个孩子一般就不再那么受关注，我们已经讨论过（参见第八章），只有使孩子做好充分的合作准备，这种情况才可能避免。

他数学很差。

对于被宠坏的孩子来说，在学校最难的科目通常是数学，因为数学涉及一些社会的逻辑，而这些孩子缺乏这样的逻辑。

他脑袋肯定有点问题。

我们没有发现这一点。他很聪明。

妈妈和老师认为他会手淫。

这有可能。大多数孩子都手淫。

妈妈说他有黑眼圈。

虽然人们一般怀疑黑眼圈和手淫有关，但我们不能从黑眼圈就推断他肯定手淫。

他对吃的东西非常挑剔。

我们可以看到他多么想一直得到妈妈的关注，即使在吃东西方面也是如此。

他害怕黑暗。

害怕黑暗也是被溺爱儿童的特征之一。

孩子妈妈说他有很多朋友。

我们相信这些朋友都是他能控制的。

他很喜欢音乐。

我们建议检查喜欢音乐的人的外耳。他们的耳朵曲线一般发展得更好。检查这个孩子的耳朵后，我们肯定他听力很好，对声音很敏感。这种敏感导致他对和声的喜爱，具有这种敏感性的人学习音乐的能力更强。

他喜欢唱歌，但他有耳疾。

这些人通常无法忍受吵闹的生活。他们耳朵感染的可能性比其他人要高。听力器官的结构是遗传的，这也是为什么音乐天赋和耳疾都会遗传。这个孩子患有耳疾，在他的家族里有很多具有音乐天赋的人。

对这个男孩正确的治疗方法是使他变得更独立、更自立。目前他是不自立的，他认为他必须有妈妈的关注，永远不想单独待着。他总是期待妈妈的关注，而妈妈当然乐意这样做。现在应该给他自由了，让他做任何他想做的事情，包括给他犯错误的自由。因为只有这样他才能学会自立。他还必须学会不要和哥哥竞争妈妈的爱。现在，两兄弟都感觉妈妈更喜欢对方，因此彼此产生嫉妒之情，而这完全没有必要。

要使男孩有足够的勇气面对学校的问题，这一点特别重要。设想一下如果他不继续上学的话会发生什么：他一离开学校，就会转向那些毫无意义的事情。总有一天他会逃学，然后完全不上学，从家里消失，加入社会帮派。防患于未然胜过亡羊补牢，现在帮助孩子适应学校生活比将来应付一个少年犯要好得多。现在学校是关键。他现在还不知道如何以社会方式来解决问题，这也是他为什么难以适应学校的原因。但只有学校能给孩子新的勇气。当然学校也有自己的问题，也许班级人数太多，也许他遇到的老师不擅长这种心理鼓励的工作，这正是可悲的地方。但是，如果这个男孩能找到一个老师对他进行恰当的支持和鼓励，那么这个孩子就可以得到拯救。

案例五

一个 10 岁女孩的经历。

因为在数学和拼写方面存在困难，女孩从学校被带到诊所。

数学对于被宠坏的儿童而言通常很困难。这并不是说被宠坏的儿童数学必然很差，但根据我们的经验，情况通常是这样。我们知道，左利手的儿童经常存在拼写方面的困难，因为他们的阅读习惯是从右到左，而接受的训练是从左到右。他们的读法和拼写都是正确的，但方向相反。一般来说，没有人知道他们的读法是正确的，只是方向错了。人们只知道他们不能阅读，只是简单地说他们不能正确地阅读和拼写。因此，我们怀疑这个女孩是左利手。导致她拼读困难的也许还有另外一个原因——在纽约，我们必须考虑这个孩子有可能来自其他国家，因此，她对英语的理解能力不是很强。在欧洲我们就不一定要考虑这一原因。

家庭经历的重大事件：在德国，家里失去了大部分钱。

我们不知道她是什么时候从德国来的。她可能曾经过着优越的生活，这种生活突然就结束了。这是一个新的情境，就像一次测试一样。这个新的情境会显示她是否学会了合作，是否适应社会，是否有足够的勇气，也会揭示她是否能承受贫穷带来的困境，也就是说，她是否能合作。但她似乎不是很会合作。

她在德国的时候是好学生，8 岁的时候离开了德国。

这是两年以前。

因为她拼写存在困难，而这里的数学教学方式也和德国不同，因此，她在学校的表现不是很好。

老师不会总是允许这种情况发生。

妈妈非常宠爱她，她也非常依恋妈妈。她同样喜欢爸爸和妈妈。

如果你问孩子："你更喜欢妈妈还是爸爸？"他们通常会回答说："我一样喜欢他们。"是大人教会了他们这样回答。我们有很多方法来检测这个回答的真实性。很好的一个方法是：让孩子站在爸爸和妈妈的中间，当我们和父母说话的时候孩子就会移向他更喜欢的那个人一边。当孩子走进父母房间的时候也能看到同样的情况，他会走向那个他更喜欢的人。

她有几个和她同龄的同性朋友，但不多。最早的记忆：8岁的时候和父母在乡下，经常和狗在草地上玩。那时他们还有一辆四轮马车。

她记得她曾经优越的生活，草地、狗和马车。这和一个曾经很富有的男人总是想起他往昔岁月相似，那时他有车、有马、有豪华别墅和佣人等。可以理解的是，她不是很满足于现状。

会做有关圣诞节的梦，梦见圣诞老人会送给她礼物。

她梦里的生活表达了和她清醒状态下一样的期望。她总想拥有更多，因为她觉得自己被剥夺了一些东西，想重新获得她过去曾经拥有的。

喜欢靠着妈妈。

这表明她缺乏信心，在学校遇到了困难。我们跟她解释：她面对的问题比其他孩子的难度更大，通过更多的学习和更大的勇气，她是能面对这些问题的。

她单独一个人来到了诊所，妈妈没有陪伴。在学校她有了一点进步，在家里能独立完成所有事情了。

我们建议她学会独立，不要依赖妈妈，单独去做所有的事情。

她为父亲做了早餐。

这表明她开始学着合作了。

她相信自己比以前更勇敢了，在这次访谈中看起来也更加自在。

她被要求和妈妈一起回到诊所。

她和妈妈一起回到了诊所，妈妈是第一次来。妈妈工作非常忙，以前都没有抽出时间过来。她说这个孩子是在两岁的时候被领养的，孩子并不知道自己的身世。在两岁之前她被六个不同的家庭收养过。

这样的过去不是很令人舒服。这个女孩似乎在两岁之前吃了很多苦。因此，我们面对的这个孩子可能曾经被人讨厌和忽略，然后得到了现在的妈妈的精心照顾。因为对于早期经历的无意识印象，她很想紧紧抓住当前这种有利的处境。两年足以给孩子留下深刻的印记。

当妈妈领养她的时候，别人告诉妈妈必须非常严格，因为这个孩子的家庭出身不是太好。

这个给建议的人深受遗传观念的毒害。如果妈妈真的很严格，这个女孩就会成为一个问题儿童，然后"法官"（给建议的人）就会说："看看，我说得没错吧！"他都不知道其实他自己也应当为此负责任。

孩子的生母不好，养母感到自己对女孩的责任更加重大，因为她不是自己的孩子。养母有时候会打孩子。

情况似乎不如以前了。有时候妈妈不是宠爱她，而是惩罚她。

爸爸很宠爱孩子，对她有求必应。如果她想要什么，她不会说"请"或"谢谢"，而是说"你不是我妈妈"。

孩子要么知道她被领养的事实，要么一语中的。我们认识一个 20 岁的男孩，他不相信他是妈妈亲生的，但他父母发誓他不知道这一事实。很明显，他感觉到了。儿童从很细微的地方就能形成结论。"孩子不知道自己是被领养的"，但有时候他们感觉到了。

她只对妈妈说这句话，不对爸爸说。

因为爸爸对她有求必应，她根本没有必要说。

妈妈不能理解她在新学校的变化。女孩现在的成绩很差，妈妈不得不揍她。

可怜的孩子拿到了一份很差的成绩单，她觉得很丢脸，感觉自己很差劲，然后妈妈还打了她——这让她难以承受。其中的任何一项，无论是被打还是很差的成绩单都已经够让人难受的了。老师应该考虑这件事情，应该意识到他们让孩子把差的成绩单带回家往往会导致孩子在家里遭受更多的麻烦。如果知道差的成绩单会让妈妈打孩子，明智的老师是不会让孩子把差的成绩单带回家的。

女孩说她有时候无法控制自己，会突然大发脾气。在学校的时候她非常好动，经常扰乱课堂。她认为自己必须总是得第一。

她是家里唯一的孩子，父亲对她有求必应，她总是渴望成为第一是可以理解的。我们能理解她为什么喜欢成为第一。我们知道，她曾经拥有乡下的土地等，她感觉自己过去的好东西被剥夺了。因此，现在她追求卓越的欲望更为强烈，但因为她不知道如何实现自己的欲望，于是忘乎所以，制造麻烦。

　　我们告诉她，她必须学会合作。她动个不停是为了成为关注的中心，她大发脾气只不过是想让所有人都关注她。因为妈妈对她成绩差这件事感到非常生气，所以她就不考出好成绩。她在和妈妈对抗。

　　她梦到圣诞老人送给她很多礼物。她醒来后发现什么也没有。

　　这表明她又想唤起那种先拥有她想要的一切，但"醒来后发现什么也没有"的感觉和情感。我们不能忽略其中隐含的危险。如果在梦里唤起得到了一切的感觉和情感，醒来发现什么也没有，自然会感到非常失望。然而，梦只是唤起了与清醒状态下态度一致的感觉。换句话说，梦里的情感目标并不是唤起拥有一切的绝妙感觉，准确地说，其情感目标是使自己失望。正因为这样的目标，梦一直会做到目标实现，即产生失望的情绪。有精神抑郁症的人经常做非常奇妙的梦，但醒来后发现现实是相反的。我们能理解女孩为什么想要失望。因为现在的生活对于她来说是暗淡无光的，她想要

240

谴责妈妈。她觉得自己一无所有，妈妈没有给她任何东西。"她打我，只有父亲才会给我东西。"

总而言之，这个孩子之所以总想感到失望，是因为这样她就有理由谴责妈妈。她是在与妈妈对抗。如果我们想让她停止这种对抗，就必须让她相信：她在家里、梦里和学校的行为都是同样错误的行为模式。这种错误的行为模式很大程度上是因为她到美国的时间不长，英语水平还不是很好。我们必须让她相信，这些困难都可以轻松地克服，但现在她是故意把这些困难当成武器来与妈妈对抗。我们也必须影响妈妈，让她不要再打孩子。我们必须让孩子意识到"我不专注、无法控制自己、大发脾气都是因为我想找妈妈的麻烦"。一旦她知道这一点，就会停止这些不良行为。在了解所有她在家里、学校和梦里的这些经历和感想的真正意义之前，要让她改变性格当然是完全不可能的。

因此，我们知道了心理学是什么。心理学是理解个体如何利用自身经历和感想的科学。或者，也可以说，心理学意味着理解儿童的行为和对刺激作出反应的知觉模式，理解个体是如何看待某些刺激、对刺激作出反应及如何利用这些刺激来达到自己的目的的。

图书在版编目 (CIP) 数据

儿童成长心理学：儿童的人格形成及其培养 /（奥）阿尔弗雷德·阿德勒（Alfred Adler）著；刘建金译 . — 修订版 . — 北京：中国法制出版社，2023.6

书名原文：The Education of Children

ISBN 978-7-5216-3574-4

Ⅰ.①儿…　Ⅱ.①阿…　②刘…　Ⅲ.①儿童心理学 — 教育心理学　Ⅳ.① G44

中国国家版本馆CIP数据核字（2023）第095464号

策划编辑：李　佳（amberlee2014@126.com）

责任编辑：王　悦（wangyuefzs@163.com）　　　　封面设计：汪要军

儿童成长心理学：儿童的人格形成及其培养

ERTONG CHENGZHANG XINLIXUE: ERTONG DE RENGE XINGCHENG JI QI PEIYANG

著者 /［奥］阿尔弗雷德·阿德勒

译者 / 刘建金

经销 / 新华书店

印刷 / 三河市国英印务有限公司

开本 / 880 毫米 ×1230 毫米　32 开　　　　　　印张 / 7.75　字数 / 142 千

版次 / 2023 年 6 月第 1 版　　　　　　　　　　2023 年 6 月第 1 次印刷

中国法制出版社出版

书号 ISBN 978-7-5216-3574-4　　　　　　　　　　定价：36.00 元

北京市西城区西便门西里甲 16 号西便门办公区

邮政编码：100053　　　　　　　　　　　　传真：010-63141600

网址：http://www.zgfzs.com　　　　　　　　编辑部电话：010-63141830

市场营销部电话：010-63141612　　　　　　印务部电话：010-63141606

（如有印装质量问题，请与本社印务部联系。）